新版 全国一级建造师
执业资格考试三阶攻略

JIANZAO

建设工程项目管理
一级建造师考试100炼

浓缩考点　提炼模块　提分秘籍

嗨学网考试命题研究组　编

北京理工大学出版社
BEIJING INSTITUTE OF TECHNOLOGY PRESS

版权专有　侵权必究

图书在版编目（CIP）数据

建设工程项目管理. 一级建造师考试100炼 / 嗨学网考试命题研究组编. -- 北京 : 北京理工大学出版社, 2024.6. (全国一级建造师执业资格考试三阶攻略).
ISBN 978-7-5763-4273-4

Ⅰ. F284-44
中国国家版本馆CIP数据核字第2024P1M817号

责任编辑：封　雪	文案编辑：毛慧佳
责任校对：刘亚男	责任印制：边心超

出版发行 / 北京理工大学出版社有限责任公司
社　　址 / 北京市丰台区四合庄路6号
邮　　编 / 100070
电　　话 / （010）68944451（大众售后服务热线）
　　　　 / （010）68912824（大众售后服务热线）
网　　址 / http://www.bitpress.com.cn

版 印 次 / 2024年6月第1版第1次印刷
印　　刷 / 天津市永盈印刷有限公司
开　　本 / 889 mm × 1194 mm　1/16
印　　张 / 9.5
字　　数 / 246千字
定　　价 / 58.00元

图书出现印装质量问题，请拨打售后服务热线，本社负责调换

嗨学网考试命题研究组

主　　编： 杨　彬

副 主 编： 陈　行　尹彬宇

其他成员： 陈　行　杜诗乐　黄　玲　寇　伟　李　理

　　　　　　李金柯　林之皓　刘　颖　马丽娜　马　莹

　　　　　　邱树建　宋立阳　石　莉　王　欢　王晓波

　　　　　　王晓丹　王　思　武　炎　许　军　谢明凤

　　　　　　杨　彬　杨海军　尹彬宇　臧雪志　张　峰

　　　　　　张　琴　朱　涵　张　芬　伊力扎提·伊力哈木

前言

注册建造师是以专业技术为依托，以工程项目管理为主业的注册执业人士。注册建造师执业资格证书是每位从业人员的职业准入资格凭证。我国实行建造师执业资格制度后，要求各大、中型工程项目的负责人必须具备注册建造师资格。

"一级建造师考试100炼"系列丛书由嗨学网考试命题研究组编写而成。编写老师在深入分析历年真题的前提下，结合"一级建造师考试100记"知识内容进行了试题配置，以帮助考生在零散、有限的时间内进一步消化考试的关键知识点，加深记忆，提高考试能力。

本套"一级建造师考试100炼"系列共有6册，分别为《建设工程经济·一级建造师考试100炼》《建设工程项目管理·一级建造师考试100炼》《建设工程法规及相关知识·一级建造师考试100炼》《建筑工程管理与实务·一级建造师考试100炼》《市政公用工程管理与实务·一级建造师考试100炼》《机电工程管理与实务·一级建造师考试100炼》。

在丛书编写上，编者建立了"分级指引、分级导学"的编写思路，设立"三级指引"，给考生以清晰明确的学习指导，力求简化学习过程，提高学习效率。

一级指引：专题编写，考点分级。 建立逻辑框架，明确重点。图书从考试要点出发，按考试内容、特征及知识的内在逻辑对科目内容进行解构，划分专题。每一专题配备导图框架，以帮助考生轻松建立科目框架，梳理知识逻辑。

二级指引：专题雷达图，分别从分值占比、难易程度、案例趋势、实操应用、记忆背诵五个维度解读专题。 指明学习攻略，明确掌握维度。针对每个考点进行星级标注，并配置3~5道选择题。针对实务科目在每一专题下同时配备了"考点练习"模块（案例分析题）帮助考生更为深入地了解专题出题方向。

三级指引：随书附赠色卡，方便考生进行试题自测。

本套丛书旨在配合"一级建造师考试100记"帮助考生高效学习，掌握考试要点，轻松通过注册建造师考试。编者在编写过程中虽已反复推敲核证，但疏漏之处在所难免，敬请广大考生批评指正。

目录

CONTENTS

第一部分 前 瞻 / 1

第二部分 金题百炼 / 5

  专题一 组织、规划与控制 / 5

  专题二 相关体系标准 / 30

  专题三 招投标与合同管理 / 39

  专题四 进度管理 / 64

  专题五 质量管理 / 89

  专题六 成本管理 / 103

  专题七 安全管理 / 114

  专题八 绿色建造与环境管理 / 129

  专题九 国际工程承包管理 / 134

  专题十 项目管理智能化 / 140

第三部分 触类旁通 / 142

第一部分　前　瞻

一、考情分析

1.试卷构成

科目	考试时长	题型	题量分数	满分	合格标准
经济	9：00—11：00	单选题	60题×1分=60分	100分	60分
		多选题	20题×2分=40分		
法规	14：00—17：00	单选题	70题×1分=70分	130分	78分
		多选题	30题×2分=60分		
管理	9：00—12：00	单选题	70题×1分=70分	130分	78分
		多选题	30题×2分=60分		
实务	14：00—18：00	单选题	20题×1分=20分	160分	96分
		多选题	10题×2分=20分		
		案例题	5题共计120分		

"建设工程项目管理"考试试卷共分2部分：单项选择题、多项选择题。其中，单项选择题70道，多项选择题30道，全卷总分共计130分。具体分值占比如下：

（1）单项选择题：每题1分。每题的备选项中，只有1个最符合题意，选择正确则得分。

（2）多项选择题：每题2分。每题的备选项中，有2个或2个以上符合题意，至少有1个错项。如果选中错项，则本题不得分；如果少选，所选的每个选项得0.5分。

2.专题划分

本书将管理内容划分为十个专题。各专题预估考试分值详见下表。

管理内容	分值预估/分
专题一　组织、规划与控制	16
专题二　相关体系标准	8
专题三　招标投标与合同管理	20
专题四　进度管理	20
专题五　质量管理	18
专题六　成本管理	15
专题七　安全管理	15
专题八　绿色建造与环境管理	5
专题九　国际工程承包管理	10
专题十　项目管理智能化	3

专题一　组织、规划与控制

本专题主要介绍工程项目管理的相关知识概念，涉及工程项目投资管理制度、工程建设实施程序、工程承包模式、工程监理、工程质量监督、工程项目管理组织、项目经理、施工组织设计等内容。总体学习难度不高，预估考试分值为16分。

专题二　相关体系标准

本专题主要介绍建设工程项目管理的相关体系标准，包括质量管理体系、环境管理体系、卓越绩效管理、全面一体化管理、风险管理与社会责任管理体系、项目管理标准及价值交付等内容。整体学习难度较高，但预计考试分值占比不高，预估分值为8分。

专题三　招标投标与合同管理

本专题内容主要围绕工程合同管理展开，具体包括工程招标与投标、施工合同管理、工程承包风险管理及担保保险三部分。考点数量较多，主要的学习难点在于不同合同之间的比较和区分，预估考试分值为20分。

专题四　进度管理

本专题围绕建设工程项目进度管理展开，主要包括项目进度影响因素与表达方式、流水施工、工程网络计划以及进度控制的监测和调整。本专题包含较多计算内容，学习难度较高，相关考点也常在实务案例题中进行考查，应予重视。预估考试分值为20分。

专题五　质量管理

本专题围绕建设工程项目质量管理展开，主要包括项目质量影响因素与管理体系、施工质量抽样检验和统计分析、施工质量控制、施工质量事故处理。内容上与实际工作的关联度较高，易于理解。预估考试分值为18分。

专题六　成本管理

本专题主要介绍建设工程成本管理的相关内容，包括成本管理流程，以及成本计划、成本控制、成本分析与绩效考核。考点数量不多，内容难度系数也不高，但部分考点涉及计算题。预估考试分值为15分。

专题七　安全管理

本专题考点内容包括安全管理理论、安全管理制度、专项方案和安全技术管理、事故应急预案与调查处理。内容上与实际工作联系紧密，但难度系数不高，预估考试分值为15分。

专题八　绿色建造与环境管理

本专题分为绿色建造和环境管理两个核心内容。内容上多涉及数字、要求等具体规定，条目繁多，具有一定难度，但预计考试分值占比不高，预估分值为5分。

专题九　国际工程承包管理

本专题围绕国际工程承包管理展开，内容上大致分成两部分：一方面是介绍国际工程承包管理的相关政策制度，另一方面则是常见的国际工程合同条件介绍。预计后者为考试出题重点，预估考试分值为10分。

专题十　项目管理智能化

本专题主要涉及建筑信息模型以及智能建造智慧工地，预估考试分值为3分，可不作为复习重点。

二、题型分析及答题技巧

题目类型	典型考法	题干示例	卷面比重
概念题	重要概念、内容、程序、分类的考查	1.施工单位在投标报价时，报价可高一些的工程有（　　） 2.在工程项目目标控制措施中，属于合同措施的有（　　）	45%
计算题	对计算公式及其原理的考查	某双代号网络计划图如下图所示（单位：天），则工作E的自由时差为（　　）天	15%
综合题	多句话综合正误判断	下列基于不同承包范围的承包模式，说法正确的是（　　）	40%

本科目考试题目分为单项选择题和多项选择题。对于单项选择题，四选一，宁可错选，不可不选；对于多项选择题，五选多，宁可少选，不可多选。同时可采取下列方法作答：

①**直接法**。直接选择自己认为一定正确的选项。

②**排除法**。如果无法采用直接法，而正确选项又几乎来自教材，因此首先排除明显不全面、不完整或不正确的选项，其次可以排除命题者设计的干扰选项，提高客观题的正确率。

③**比较法**。对各选项加以比较，分析它们之间的不同点，考虑它们之间的关系，通过对比、分析判断命题者的意图。

④**推测法**。利用上下文来推测题意，结合常识判断其义，选出其中正确的选项。

考试分数采用机读评卷，必须使用2B铅笔在答题卡上作答，要特别注意，答题卡上的选项不论是横排还是竖排，都不要涂错位置。

三、100炼的编写特色

本书从考试特点及内容关联性出发，将管理科目划分为十个专题，与"100记"图书对应。结构上包含三个部分，具体为：

第一部分　前瞻。

前瞻部分对考试科目特点、考试情况、专题划分作了详细介绍，能使读者对本科的考试情况有一个初步了解，同时还简要介绍了相关答题技巧。

第二部分　金题百炼。

本部分按专题细分考点编写题目,其中导图框架及专题雷达图可帮助读者对相应专题做概览了解;形式上设计了红色字体标注答案与解析,并附赠"红膜"方便答题,也便于读者"看题",可适用于不同阶段的读者复习使用。

第三部分　触类旁通。

本部分为总结篇,挑选本科目中常考的内容作比较并进行了汇总,免去了读者自行整理的负担。

第二部分　金题百炼

专题一　组织、规划与控制

导图框架

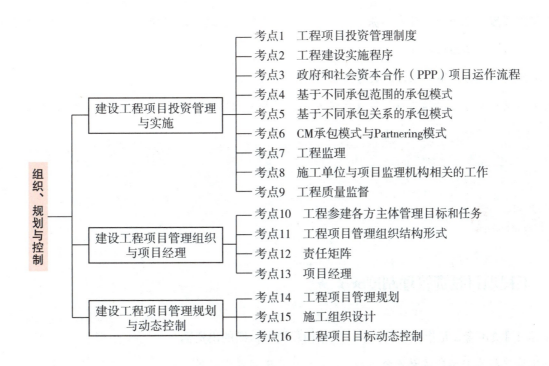

专题雷达图

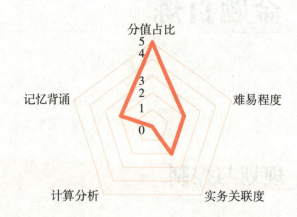

分值占比：本专题在考试中预计分值占比较高，预估分值为16分。

难易程度：本专题内容学习难度不高，易于理解，但是部分考点内容条目较多，应多做题目以加深印象。

实务关联度：本专题预计在实务考试中的出题概率不高，其中有可能出题的考点为工程监理和施工组织设计。

计算分析：本专题不涉及计算类考点。

记忆背诵：本专题内容基本不涉及记忆背诵，多条目内容的考点也应以找规律、找区别的方式来记忆，避免死记硬背。

考点练习

考点1 工程项目投资管理制度 ★★★

1.所谓项目资本金，是指在项目（　　）中由投资者认缴的出资额。

A.固定资产投资与铺底流动资金之和　　　B.固定资产投资

C.非债务性资金　　　D.固定资产投资与借款利息之和

【答案】A

【解析】所谓项目资本金，是指在项目总投资中由投资者认缴的出资额。这里的"总投资"，是指投资项目的固定资产投资与铺底流动资金之和。A选项正确。

2.投资者以货币方式认缴的资本金，其资金来源有（　　）。

A.企业折旧资金　　　B.资本公积金

C.非经营性基本建设基金回收的本息　　　D.国有企业产权转让收入

E.社会个人合法所有的资金

【答案】ABDE

【解析】投资者以货币方式认缴的资本金，其资金来源有：①各级人民政府的财政预算内资金、国家批准的各种专项建设基金、经营性基本建设基金回收的本息、土地批租收入、国有企业产权转让收入、地方人民政府按国家有关规定收取的各种规费及其他预算外资金。②国家授权的投资机构及企业法人的所有者权益（包括资本金、资本公积金、盈余公积金和未分配利润、股票上市收益资金等）、企业折旧资金以及投资者按照国家规定从资本市场上筹措的资金。③社会个人合法所有的资金。④国家规定的其他可以用作投资项目资本金的资金。A、B、D、E选项正确。

3.某城市公路项目的固定资产投资20000万元，总投资21000万元。根据相关办法规定，本项目资本金最低出资额为（　　）万元。

A.4000　　　　　　　B.4200　　　　　　　C.5000　　　　　　　D.5250

【答案】B

【解析】作为计算资本金基数的总投资，是指投资项目的固定资产投资与铺底流动资金之和，具体核定时以经批准的动态概算为依据。项目资本金占项目总投资的最低比例为20%，则本项目资本金最低出资额=21000×20%=4200（万元）。B选项正确。

4.根据《国务院关于投资体制改革的决定》，对于采用直接投资和资本金注入方式的政府投资项目，除特殊情况外，政府主管部门不再审批（　　）。

A.项目建议书　　　　B.项目初步设计　　　　C.项目开工报告　　　　D.项目可行性研究报告

【答案】C

【解析】对于采用直接投资和资本金注入方式的政府投资项目，政府需要从投资决策的角度审批项目建议书和可行性研究报告，除特殊情况外，不再审批开工报告，同时还要严格审批其初步设计和概算；对于采用投资补助、转贷和贷款贴息方式的政府投资项目，则只审批资金申请报告。C选项正确。

5.不得认定为投资项目资本金的情形有（　　）。

A.当期债务性资金偿还前，可以分红或取得收益

B.地方各级政府可统筹使用本级预算资金

C.政府专项债券

D.存在本息回购承诺、兜底保障等收益附加条件

E.在清算时受偿顺序优先于其他债务性资金

【答案】ADE

【解析】存在下列情形之一的，不得认定为投资项目资本金：①存在本息回购承诺、兜底保障等收益附加条件。②当期债务性资金偿还前，可以分红或取得收益。③在清算时受偿顺序优先于其他债务性资金。地方各级政府及其有关部门可统筹使用本级预算资金、上级补助资金等各类财政资金筹集项目资本金，可按有关规定将政府专项债券作为符合条件的重大项目资本金。A、D、E选项正确。

考点2　工程建设实施程序★★

1.工程项目寿命期包含（　　）两个阶段。
　A.建设实施和运营维护　　　　　　　　B.投资决策和建设实施
　C.建设准备和建设实施　　　　　　　　D.设计和建设实施
【答案】B
【解析】工程项目寿命期包含投资决策和建设实施两个阶段，而建设工程全寿命期还包含工程建成后的运营维护阶段。这是两个不同的概念，区别主要在于是否包含运营维护阶段。B选项正确。

2.一般投资项目的初步设计可以确定（　　）。
　A.投资估算　　　　B.设计概算　　　　C.施工图预算　　　　D.合同价
【答案】B
【解析】一般投资项目建设实施程序如下图所示：

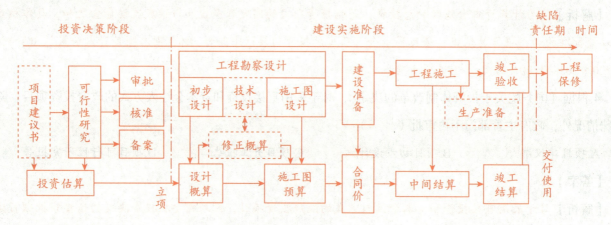

一般投资项目的初步设计能够确定设计概算，施工图设计能够确定施工图预算。B选项正确。

3.对于政府投资项目，初步设计提出的投资概算超过经批准的可行性研究报告提出的投资估算（　　）的，投资主管部门可以要求项目单位重新报送可行性研究报告。
　A.5%　　　　　　B.10%　　　　　　C.15%　　　　　　D.20%
【答案】B
【解析】对于政府投资项目，初步设计提出的投资概算超过经批准的可行性研究报告提出的投资估算10%的，项目单位应当向投资主管部门或者其他有关部门报告，投资主管部门或者其他有关部门可以要求项目单位重新报送可行性研究报告。B选项正确。

4.在工程开工建设前，需要切实做好的准备工作包括（　　）。
　A.准备必要的施工图纸　　　　　　　　B.组织工程监理、施工及材料设备采购招标工作
　C.征地、拆迁和场地平整　　　　　　　D.编制施工组织设计
　E.办理施工许可证、工程质量监督等手续
【答案】ABCE

【解析】在工程开工建设前，需要切实做好各项准备工作，这些准备工作包括：①征地、拆迁和场地平整。②完成施工用水、电、通信网络、交通道路等接通工作。③准备必要的施工图纸。④组织工程监理、施工及材料设备采购招标工作。⑤办理施工许可证、工程质量监督等手续。A、B、C、E选项正确。

5.工程项目开工时间是指（　　）。

A.该工程设计文件中规定的任何一项永久性工程第一次正式破土开槽开始施工的日期

B.工程地质勘查开始施工的日期

C.公路工程需要进行大量土石方工程的，以开始施工土方、石方工程的日期

D.施工用临时道路开始施工的日期

E.平整场地开始施工的日期

【答案】AC

【解析】项目开工时间，是指该工程项目设计文件中规定的任何一项永久性工程第一次正式破土开槽开始施工的日期。不需开槽的工程，正式开始打桩的日期就是开工日期。铁路、公路、水库等需要进行大量土石方工程的，以开始进行土方、石方工程的日期作为正式开工日期。工程地质勘察、平整场地、旧建筑物的拆除、临时建筑、施工用临时道路和水、电等工程开始施工的日期不能算作正式开工日期。分期建设的项目分别按各期工程开工的日期计算，如二期工程应根据工程设计文件规定的永久性工程开工的日期计算。A、C选项正确。

考点3　政府和社会资本合作（PPP）项目运作流程★★★

1.政府和社会资本合作（PPP）项目运作可分为（　　）等阶段。

A.项目采购　　　　　　　　B.项目识别

C.项目执行　　　　　　　　D.项目准备

E.项目验收

【答案】ABCD

【解析】政府和社会资本合作（PPP）项目运作可分为项目识别、项目准备、项目采购、项目执行和项目移交五个阶段。A、B、C、D选项正确。

2.属于政府和社会资本合作（PPP）项目运作流程的项目识别阶段的工作有（　　）。

A.项目发起　　　　　　　　B.项目筛选

C.物有所值评价　　　　　　D.财政承受能力评估

E.管理组织架构

【答案】ABCD

【解析】政府和社会资本合作（PPP）项目运作流程如下图所示。

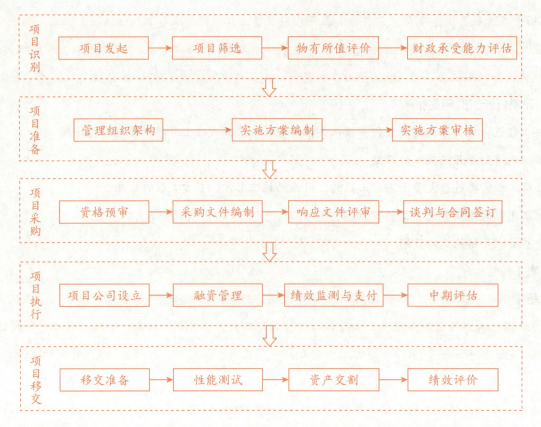

属于政府和社会资本合作（PPP）项目运作流程的项目识别阶段的工作有项目发起、项目筛选、物有所值评价、财政承受能力评估。A、B、C、D选项正确。

3.政府和社会资本合作（PPP）项目运作中的"两评一案"是指（　　）。

A.融资评价、财政承受能力评估和实施方案

B.物有所值评价、财政承受能力评估和实施方案

C.物有所值评价、绩效评估和实施方案

D.物有所值评价、财政承受能力评估和融资方案

【答案】B

【解析】政府和社会资本合作（PPP）项目运作中的"两评一案"是指物有所值评价、财政承受能力评估和实施方案。B选项正确。

4.物有所值定量评价的作用，是判断政府和社会资本合作（PPP）模式能否降低（　　）。

A.项目全寿命期成本

B.项目全寿命期政府方净成本的现值

C.项目全寿命期政府方净成本的现值与公共部门比较值的比例

D.项目全寿命期公共部门比较值

【答案】A

【解析】定量评价可作为项目全寿命期风险分配、成本测算和数据收集的重要手段，以及项目决策和绩效评价的参考依据。定量评价是指，在假定采用PPP方式与政府传统投资方式产出绩效相同的前提下，通

过对政府和社会资本合作（PPP）项目全寿命期政府方净成本的现值（PPP值）与公共部门比较值（PSC值）进行比较，判断政府和社会资本合作（PPP）模式能否降低项目全寿命期成本。A选项正确。

5.公共部门比较值（PSC值）是全寿命期成本中（　　）的现值之和。

A.竞争性中立调整值　　　　　　　　B.股权投资成本

C.参照项目的建设和运营维护净成本　　D.运营补贴调整值

E.项目全部风险成本

【答案】ACE

【解析】公共部门比较值（PSC值）是以下三项全寿命期成本的现值之和：①参照项目的建设和运营维护净成本。②竞争性中立调整值。③项目全部风险成本。A、C、E选项正确。

考点4　基于不同承包范围的承包模式★★★

1.设计—招标—建造（DBB）模式的优点包括（　　）。

A.设计与施工协调容易　　　　　　　　B.指令易贯彻执行

C.责权利分配明确　　　　　　　　　　D.管理方法较成熟

E.有助于发现工程质量问题

【答案】BCDE

【解析】设计—招标—建造（DBB）模式优点包括：建设单位、勘察设计单位、施工总承包单位及分包单位在合同约束下，各自行使其职责和履行义务，责权利分配明确；建设单位直接管理工程勘察设计和施工，指令易贯彻执行。各平行承包单位前后工作衔接，构成质量制约，有助于发现工程质量问题。此外，该模式应用广泛、历史长，相关管理方法较成熟，工程参建各方对有关程序都比较熟悉。B、C、D、E选项正确。

2.工程总承包模式的优点主要体现在（　　）等方面。

A.建设单位前期工作量小　　　　　　　B.使工程项目责任主体单一化

C.有利于缩短建设工期　　　　　　　　D.可减轻建设单位合同管理的负担

E.便于建设单位提前确定工程造价

【答案】BCDE

【解析】工程总承包模式的优点主要体现在以下几方面：①有利于缩短建设工期。如：材料设备采购及某些可以与设计工作并行的施工等。这样，可在很大程度上缩短建设工期。②便于建设单位提前确定工程造价。建设单位与工程总承包单位之间通常签订总价合同，这样使建设单位在工程实施初期就确定工程总造价，便于控制工程总造价。③使工程项目责任主体单一化。④可减轻建设单位合同管理的负担。与建设单位直接签订合同的工程参建方减少，建设单位的协调工作量减少，合同管理工作量也大幅减少。B、C、D、E选项正确。

3.设计—招标—建造（DBB）模式的不足包括（　　）。

A.建设周期长　　　　　　　　　　　　B.容易出现互相推诿

C.协调工作量大　　　　　　　　　　D.不易质量制约

E.容易产生设计变更

【答案】ABCE

【解析】设计—招标—建造（DBB）模式的不足包括：工程设计、招标、施工按顺序依次进行，建设周期长；而且由于施工单位无法参与工程设计，设计与施工协调困难，容易产生设计变更，可能使建设单位利益受损。此外，由于工程的责任主体较多，包括设计单位、施工单位、材料设备供应单位等，一旦工程出现问题，建设单位将分别面对不同参与方，容易互相推诿，协调工作量大。A、B、C、E选项正确。

4.设计—招标—建造（DBB）模式主要体现的是（　　），我国大部分的工程项目都采用这种模式。

A.集成化管理　　　B.专业化分工　　　C.垂直化管理　　　D.专业化合作

【答案】B

【解析】DBB模式主要体现的是专业化分工，我国大部分的工程项目都采用这种模式。B选项正确。

5.下列基于不同承包范围的承包模式，说法正确的是（　　）。

A.工程总承包模式可以是联合体承包单位负责整个建设工程实施

B.DBB模式有利于缩短工期

C.DBB模式道德风险高

D.工程总承包模式责任主体较多，容易互相推诿

【答案】A

【解析】DBB模式建设周期长，B选项错误。工程总承包模式道德风险高，C选项错误。DBB模式主要体现的是专业化分工，因此责任主体较多，容易互相推诿，D选项错误。

考点5　基于不同承包关系的承包模式★★★

1.合作体模式由几家单位自愿成立合作体，然后以合作体名义与建设单位签订（　　），再由各单位分别签订（　　）。

A.工程承包意向合同；专业分包合同　　　B.合作体协议；工程承包合同

C.工程承包意向合同；工程承包合同　　　D.基本合同；专业分包合同

【答案】C

【解析】合作体模式由几家单位自愿成立合作体，然后以合作体名义与建设单位签订工程承包意向合同，各单位再分别签订工程承包合同。C选项正确。

2.关于合作体承包模式的说法中正确的有（　　）。

A.建设单位组织协调工作量小　　　B.集中优势，有利于竞争

C.风险较大　　　　　　　　　　　D.有利于增强抗风险能力

E.合同结构简单

【答案】AC

【解析】合作体承包模式的特点有：①建设单位组织协调工作量小，但风险较大。②各承包单位之间既有合作愿望，又不愿意组成联合体。B选项错误，集中优势，有利于竞争是联合体的优点之一。D选项错误，有利于增强抗风险能力是联合体的优点之一。E选项错误，合同结构简单是联合体的优点之一。

3.下列合同结构图表示的是（　　）模式。

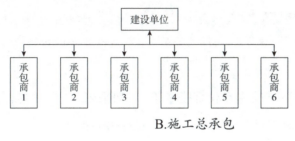

A.平行承包
B.施工总承包
C.设计—建造—管理
D.联合体承包

【答案】A

【解析】平行承包是指建设单位将工程项目划分为若干标段，分别发包给多家承包单位承担。建设单位需要与多家承包单位分别签订合同，各承包单位之间的关系是平行的，相互间无合同关系。A选项正确。

4.平行承包模式在合同管理方面的特点是（　　）。

A.施工单位数量较少，对业主合同管理有利

B.业主只需要一次招标，合同管理量较小

C.业主要负责对多个合同的跟踪管理，工作量较大

D.符合"他人控制"原则，对业主合同管理有利

【答案】C

【解析】由于合同数量多，使工程项目系统中合同界面（结合部）数量增加，要求建设单位具有较强的组织协调能力，A、B选项错误。符合"他人控制"原则，对业主质量管理有利，D选项错误。

5.关于联合体承包模式的说法中正确的有（　　）。

A.由一家单位发起

B.签署联合体协议

C.协商确定各自承担的义务和责任

D.建立联合体组织机构

E.联合体牵头单位与建设单位签订工程承包合同

【答案】BCD

【解析】当工程项目规模大或技术复杂，建筑市场竞争激烈，由一家承包单位总承包有困难时，可由两家及以上单位联合起来形成联合体来承揽任务，以发挥各承包单位的特长和优势。联合体通常由一家或几家单位发起，A选项错误。经过协商确定各自承担的义务和责任，签署联合体协议，建立联合体组织机构，产生联合体牵头单位（代表），联合体各成员单位共同与建设单位签订工程承包合同，E选项错误。

考点6　CM承包模式与Partnering模式★★

1.在国际工程组织实施模式中，采用快速路径法的实施模式是（　　）。
A.PPP模式　　　　　　B.CM模式　　　　　　C.EPC模式　　　　　　D.DBO模式

【答案】B

【解析】CM模式是指由建设单位委托一家CM单位承担项目管理工作，该CM单位以承包单位的身份进行施工管理，并在一定程度上影响工程设计活动，组织快速路径的生产方式，使工程项目实现有条件的"边设计、边施工"。B选项正确。

2.代理型CM合同由建设单位与分包单位直接签订，一般采用（　　）的合同形式。
A.固定单价　　　　　　B.可调总价　　　　　　C.GMP加酬金　　　　　　D.简单的成本加酬金

【答案】D

【解析】由于代理型合同是建设单位与分包单位直接签订，因此，采用简单的成本加酬金合同形式。D选项正确。

3.在非代理型CM模式的合同中，采用成本加酬金合同的具体方式是（　　）。
A.成本加固定费用合同　　　　　　B.成本加固定比例费用合同
C.成本加奖金合同　　　　　　D.保证最大工程费用加酬金合同

【答案】D

【解析】非代理型合同则采用保证最大工程费用（GMP）加酬金的合同形式。这是因为CM合同总价是在CM合同签订之后，随着CM单位与各分包单位签约而逐步形成的。只有采用保证最大工程费用，建设单位才能控制工程总费用。D选项正确。

4.CM模式特别适用于（　　）。
A.结构复杂工程　　　　　　B.实施周期短的工程
C.实施周期长、工期要求不紧的工程　　　　　　D.实施周期长、工期要求紧迫的大型复杂工程

【答案】D

【解析】CM模式在工程造价控制方面的价值。CM模式特别适用于那些实施周期长、工期要求紧迫的大型复杂工程。D选项正确。

5.关于Partnering模式的说法，正确的是（　　）。
A.Partnering协议是业主与承包商之间的协议
B.Partnering模式是一种独立存在的承发包模式
C.Partnering模式特别强调工程参建各方基层人员的参与
D.Partnering协议不是法律意义上的合同

【答案】D

【解析】Partnering协议不是法律意义上的合同。Partnering协议与工程合同是两个完全不同的文件。在工

程合同签订后，工程建设参与各方经过讨论协商后才会签署Partnering协议。D选项正确。

考点7　工程监理★★★

1.某城市污水处理工程的建筑安装工程费为2500万元，设备购置费为1100万元。依据《建设工程监理范围和规模标准规定》，该工程（　　）。

A.可以不实行监理　　　　　　　　　　　B.必须实行监理

C.仅建筑安装工程实行监理　　　　　　　D.设备制造实行监理

【答案】B

【解析】根据《建设工程监理范围和规模标准规定》，国家规定必须实行监理的其他工程是指：①项目总投资额在3000万元以上关系社会公共利益、公众安全的基础设施项目。②学校、影剧院、体育场馆项目。污水排放及处理属于关系社会公共利益、公众安全的基础设施项目，总投资是3600万元，在3000万元以上，因此必须实行监理。B选项正确。

2.《建设工程监理范围和规模标准规定》中要求建筑面积在（　　）m² 以上的住宅建设工程必须实行监理。

A.1万　　　　　　B.2万　　　　　　C.3万　　　　　　D.5万

【答案】D

【解析】根据《建设工程监理范围和规模标准规定》，成片开发建设的住宅小区工程，建筑面积在5万m²以上的住宅建设工程必须实行监理；5万m²以下的住宅建设工程，可以实行监理，具体范围和规模标准，由省、自治区、直辖市人民政府建设行政主管部门规定。为了保证住宅质量，对高层住宅及地基、结构复杂的多层住宅应当实行监理。C选项正确。

3.下列各类建设工程中，属于《建设工程监理范围和规模标准规定》中规定的必须实行监理的是（　　）。

A.投资总额2000万元的学校工程　　　　　B.投资总额2000万元的科技、文化工程

C.投资总额2000万元的社会福利工程　　　D.投资总额2000万元的道路、桥梁工程

【答案】A

【解析】《建设工程监理范围和规模标准规定》规定，国家规定必须实行监理的其他工程是指：①项目总投资在3000万元以上关系社会公共利益、公共安全的基础设施项目。②学校、影剧院、体育场馆项目。学校、影剧院、体育场馆项目没有金额限制，都必须实行监理。A选项正确。

4.根据《建设工程监理规范》，总监理工程师不得委托给总监理工程师代表的职责有（　　）。

A.审批监理实施细则　　　　　　　　　　B.组织审核竣工结算

C.组织召开监理例会　　　　　　　　　　D.组织审查和处理工程变更

E.处理工程索赔

【答案】ABE

【解析】总监理工程师不得将下列工作委托给总监理工程师代表：①组织编制监理规划，审批监理实施细则。②根据工程进展及监理工作情况调配监理人员。③组织审查施工组织设计、（专项）施工方案。④签发工程开工令、暂停令和复工令。⑤签发工程款支付证书，组织审核竣工结算。⑥调解建设单位与施工单位的合同争议，处理工程索赔。⑦审查施工单位的竣工申请，组织工程竣工预验收，组织编写工程质量评估报告，参与工程竣工验收。⑧参与或配合工程质量安全事故的调查和处理。A、B、E选项正确。

5.下列监理职责中，属于专业监理工程师的职责的是（　　）。

A.组织验收分部工程　　　　　　　　B.组织编写监理日志

C.组织审查工程变更　　　　　　　　D.组织整理监理文件资料

【答案】B

【解析】B选项正确，属于专业监理工程师的职责。A、C、D选项错误，属于总监理工程师或总监理工程师代表的职责。

考点8　施工单位与项目监理机构相关的工作★★

1.施工单位应组织项目管理团队成员熟悉工程设计文件，并参加（　　）主持召开的图纸会审会议。

A.建设单位　　　　B.施工单位　　　　C.施工图审查机构　　　　D.设计单位

【答案】A

【解析】施工单位应组织项目管理团队成员熟悉工程设计文件，并参加建设单位主持召开的图纸会审和设计交底会议。A选项正确。

2.图纸会审和设计交底会议纪要应由（　　）共同签认。

A.建设单位代表　　　　　　　　B.设计单位代表

C.施工单位代表　　　　　　　　D.勘察单位代表

E.总监理工程师

【答案】ABCE

【解析】图纸会审和设计交底会议纪要应由项目监理机构负责整理，建设单位、设计单位、施工单位代表及总监理工程师共同签认。A、B、C、E选项正确。

3.总监理工程师在工程开工报审表签署同意开工的意见时，该工程需具备的条件有（　　）。

A.已完成设计交底和图纸会审　　　　B.已签认施工组织设计

C.已审核分包单位资质　　　　　　　D.已开通进场道路及水、电、通信

E.签署的工程开工报审表已获建设单位批准

【答案】ABD

【解析】申请开工的工程具备下列条件的，总监理工程师方可在工程开工报审表签署同意开工的意见并

报建设单位批准：①设计交底和图纸会审已完成。②施工组织设计已由总监理工程师签认。③施工单位现场质量、安全生产管理体系已建立，管理及施工人员已到位，施工机械具备使用条件、主要工程材料已落实。④进场道路及水、电、通信等已满足开工要求。A、B、D选项正确。

4.工程有分包单位的，应将分包单位资格报审表及相关资料报送项目监理机构的是（ ）。

A.施工总包单位　　B.设计单位　　C.项目监理机构　　D.建设单位

【答案】A

【解析】工程有分包单位的，施工总包单位应将分包单位资格报审表及相关资料报送项目监理机构。A选项正确。

5.专业监理工程师应检查、复核施工单位报送的施工控制测量成果及保护措施，检查复核的内容包括（ ）。

A.测量管理制度　　　　　　　　　　B.测量设备检定证书

C.施工高程控制网　　　　　　　　　D.施工平面控制网

E.施工临时水准点

【答案】BCDE

【解析】施工单位应将施工控制测量成果及保护措施报送的项目监理机构检查、复核。项目监理机构将会检查、复核以下内容：①施工单位测量人员的资格证书及测量设备检定证书。②施工平面控制网、高程控制网和临时水准点的测量成果及控制桩的保护措施。B、C、D、E选项正确。

考点9　工程质量监督★★

1.工程质量监督主要是指对（ ）进行的监督检查。

A.工程实体质量和工程验收程序　　　　B.工程质量责任主体行为和工程实施过程

C.工程实施过程和工程实体质量　　　　D.工程质量责任主体行为和工程实体质量

【答案】D

【解析】工程质量监督主要是指对工程质量责任主体行为和工程实体质量进行的监督检查。D选项正确。

2.下列工程质量控制主体中，属于建设工程质量责任主体的有（ ）。

A.工程质量监督机构　　　　　　　　B.设计单位

C.施工单位　　　　　　　　　　　　D.建设单位

E.工程监理单位

【答案】BCDE

【解析】《建设工程质量管理条例》规定，建设单位、勘察单位、设计单位、施工单位、工程监理单位依法对建设工程质量负责。因此，建设单位、勘察单位、设计单位、施工单位、工程监理单位是建设工程质量责任主体。B、C、D、E选项正确。

3.工程质量监督报告必须由（　　）签认，经工程质量监督机构负责人审核同意并加盖单位公章后出具。

A.总监理工程师　　　　　　　　　　　　B.工程质量监督负责人

C.项目经理　　　　　　　　　　　　　　D.工程质量监督组

【答案】B

【解析】工程质量监督报告必须由工程质量监督负责人签认，经工程质量监督机构负责人审核同意并加盖单位公章后出具。B选项正确。

4.工程实体质量监督重点检查（　　）。

A.涉及环境影响和使用功能的实体质量　　B.涉及结构安全和环境影响的实体质量

C.涉及美学功能和使用功能的实体质量　　D.涉及结构安全和使用功能的实体质量

【答案】D

【解析】工程实体质量监督以抽查方式为主，重点检查涉及结构安全和使用功能的实体质量。D选项正确。

5.根据《建设工程质量管理条例》中的要求，应当按照国家有关规定办理工程质量监督手续的单位是（　　）。

A.建设单位　　　　B.设计单位　　　　C.监理单位　　　　D.施工单位

【答案】A

【解析】工程开工前，建设单位需要到规定的工程质量监督机构办理工程质量监督手续，未按规定办理工程质量监督手续的，一律不得开工。A选项正确。

考点10　工程参建各方主体管理目标和任务★★

1.业主方项目管理的最终目标是（　　）。

A.有效控制工程建设进度、质量和投资　　B.交付使用的时间

C.控制工程建设总投资　　　　　　　　　D.实现工程项目的价值

【答案】D

【解析】业主方项目管理是指站在业主角度，通过有效控制工程建设进度、质量和投资目标，最终实现工程项目的价值。D选项正确。

2.对业主而言，项目进度目标指的是（　　）。

A.交付使用的时间目标　　　　　　　　　B.竣工时间目标

C.移交时间目标　　　　　　　　　　　　D.竣工结算时间目标

【答案】A

【解析】业主方项目管理是指站在业主角度，通过有效控制工程建设进度、质量和投资目标，最终实现工程项目的价值。其中，进度目标是指工程项目交付使用的时间目标；质量目标是指工程特性要满足相关

标准规定及业主需求；投资目标是指工程建设总投资。A选项正确。

3.业主方项目管理的质量目标是指（   ）。

A.工程特性要满足相关标准规定及业主需求　　B.工程质量达到合格

C.工程通过验收　　D.满足业主需求

【答案】A

【解析】业主方项目管理是指站在业主角度，通过有效控制工程建设进度、质量和投资目标，最终实现工程项目的价值。其中，进度目标是指工程项目交付使用的时间目标；质量目标是指工程特性要满足相关标准规定及业主需求；投资目标是指工程建设总投资。A选项正确。

4.业主方项目管理的投资目标是指（   ）。

A.工程建设静态投资　　B.工程建设总投资

C.工程建设固定资产投资　　D.工程建设固定资产投资与流动资产之和

【答案】B

【解析】业主方项目管理是指站在业主角度，通过有效控制工程建设进度、质量和投资目标，最终实现工程项目的价值。其中，进度目标是指工程项目交付使用的时间目标；质量目标是指工程特性要满足相关标准规定及业主需求；投资目标是指工程建设总投资。B选项正确。

5.下列项目管理工作中属于施工方项目管理目标的有（   ）。

A.施工质量目标　　B.施工成本目标

C.施工进度目标　　D.施工投资目标

E.施工安全目标

【答案】ABCE

【解析】工程施工方项目管理目标包括施工进度、质量、成本和安全。在绿色发展形势下，绿色也成为施工项目管理目标。显然，这些目标既与工程建设总目标相联系，又有很强的施工项目管理自主性特征。A、B、C、E选项正确。

考点11　工程项目管理组织结构形式★★★

1.在工程项目管理组织结构中，要求项目经理通晓各种业务和多种专业技能，成为"全能式"人才的是（   ）组织结构。

A.直线式　　B.职能式　　C.直线职能式　　D.矩阵式

【答案】A

【解析】直线式组织结构的主要优点是结构简单、权力集中、易于统一指挥、隶属关系明确、职责分明、决策迅速。但由于未设置职能部门，项目经理没有参谋和助手，需要其通晓各种业务，成为"全能式"人才。A选项正确。

2.某工程项目管理组织结构如下图所示，这种组织结构形式的优点是（　　）。

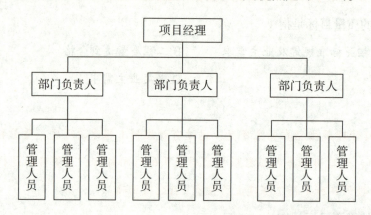

A.目标控制职能分工明确　　　　　　B.权力集中、隶属关系明确
C.可减轻总监理工程师负担　　　　　D.强化了各职能部门横向联系

【答案】B

【解析】直线式组织结构的主要优点是结构简单、权力集中、易于统一指挥、隶属关系明确、职责分明、决策迅速。B选项正确。

3.下图所示的项目组织结构模式的特点有（　　）。

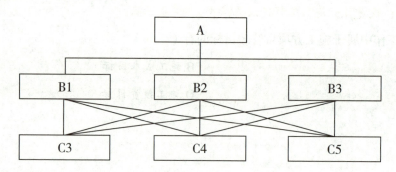

A.每一个部门可根据其职能对其直接和非直接的下属部门下达指令

B.每一个部门可能得到其直接和非直接的上级部门下达的工作指令

C.每一个部门可能会有多个矛盾的指令源

D.上下级指令传递的路径较长

E.矛盾的指令会影响项目管理机制的运行

【答案】ABCE

【解析】职能式组织结构是在各管理层设置职能部门，各职能部门分别从其业务职能角度对下级执行者进行业务管理。在职能式组织结构中，各级领导不直接指挥下级，而是指挥职能部门。各职能部门可以在上级领导授权范围内，就其所管辖业务范围向下级执行者发布命令和指示，A、B选项正确。职能式组织结构的主要优点是强调管理业务专门化，注意发挥各类专家在项目管理中的作用。由于管理人员业务工作专业化，易于提高工作质量，还可以减轻领导者负担。但是，由于这种组织结构存在多头领导，使下级执行者接受多方指令，容易使职责分不清，C、E选项正确。

4.某工程项目组织结构具有统一指挥、职责分明、目标管理专业化的特点，则该工程项目组织结构的组织形式为（　　）。

A.直线式　　　　　　　　　　　　　　B.职能式

C.直线职能式　　　　　　　　　　　　D.矩阵式

【答案】C

【解析】直线职能式组织结构既保持了直线式组织结构统一指挥的特点，又满足了职能式组织结构对管理工作专业化分工的要求。其主要优点是集中领导、职责清楚，有利于提高管理效率。C选项正确。

5.下列工程项目管理组织机构形式中，具有较大的机动性和适应性，能够实现集权和分权最优结合的组织形式的是（　　）。

A.职能式　　　　B.直线式　　　　C.矩阵式　　　　D.直线职能式

【答案】C

【解析】矩阵式组织结构的优点是能够根据工程任务的实际情况灵活组建与之相适应的项目管理机构，实现集权与分权的最优结合，有利于调动各类人员的工作积极性，使项目管理工作顺利进行，C选项正确。但矩阵式组织结构的稳定性较差，尤其是业务人员的工作岗位调动频繁。此外，矩阵中每一位成员同时受项目经理和职能部门经理的双重领导，如果处理不当，会造成矛盾，出现扯皮现象。

考点12　责任矩阵 ★★

1.作为项目管理的重要工具，强调每项工作需要由谁负责，并表明每个人在整个项目中的角色地位的是（　　）。

A.组织结构图　　　　　　　　　　　　B.项目结构图

C.责任矩阵　　　　　　　　　　　　　D.施工组织设计

【答案】C

【解析】责任矩阵作为项目管理的重要工具，强调每一项工作需要由谁负责，并表明每个人在整个项目中的角色地位。C选项正确。

2.工程项目部在编制责任矩阵时，首先应该进行的工作是（　　）。

A.画出纵横交叉的责任矩阵图

B.检查各职能部门或人员的项目管理任务分配是否均衡适当

C.列出参与项目管理及负责执行项目任务的个人或职能部门名称

D.列出需要完成的项目管理任务

【答案】D

【解析】工程项目部编制责任矩阵，可按下列程序进行：①列出需要完成的项目管理任务。②列出参与项目管理及负责执行项目任务的个人或职能部门名称。③以项目管理任务为例，以执行任务的个人或部门为例，画出纵横交叉的责任矩阵图。④在责任矩阵图的行与列交叉窗口中，用不同字母或符号表示项目管理任务与执行者的责任关系，从而建立"人"与"事"的关联。任务执行者在项目管理中通常有三种角色：a.负责人P。b.支持者或参与者S。c.审核者R。⑤检查各职能部门或人员的项目管理任务分配是否均衡适当。有过度分配或者分配不当的，则需要进行调整和优化。所以，其首要任务是列出需要完成的项目管理任务。D选项正确。

3.施工项目管理中运用的责任矩阵的主要作用有（　　）。

A.有利于项目经理从总体上分析管理任务的分配是否平衡适当

B.使工程项目部人员分工一目了然

C.提高项目管理工作效率

D.横向统计每个角色投入的总工作量

E.清楚地显示出工程项目部各部门或个人的角色、职责和相互关系

【答案】ABCE

【解析】施工项目管理中运用责任矩阵主要有以下作用：①将工程项目管理的具体任务分配落实到相关职能部门或人员，使工程项目部人员分工一目了然。②清楚地显示出工程项目部各部门或个人的角色、职责和相互关系，避免职责不清而出现推诿、扯皮现象。③有利于项目经理从总体上分析管理任务的分配是否平衡适当，以便进行必要的调整和优化，确保最适合的人员去做最适当的事情，从而提高项目管理工作效率。A、B、C、E选项正确。D选项错误，应是横向统计每个活动的总工作量。

4.在责任矩阵图中，任务执行者通常有三种角色，分别为（　　）。

A.负责人　　　　　　　　　　B.支持者

C.参与者　　　　　　　　　　D.审核者

E.执行者

【答案】ABCD

【解析】在责任矩阵图的行与列交叉窗口中，用不同字母或符号表示项目管理任务与执行者的责任关系。任务执行者通常有三种角色：负责人、支持者或参与者、审核者。A、B、C、D选项正确。

5.在责任矩阵图中，应以（　　）为行，以（　　）为列，画出纵横交叉的责任矩阵图。

A.项目管理任务；职能部门

B.项目管理任务；执行任务的个人或部门

C.执行任务的个人或部门；项目管理任务

D.职能部门；项目管理任务

【答案】B

【解析】在责任矩阵图中，以项目管理任务为行，以执行任务的个人或部门为列，画出纵横交叉的责任矩阵图。B选项正确。

考点13 项目经理★★

1.对承包单位而言,根据其承包工程范围的不同,项目经理可分为(　　)。

A.工程施工项目经理和分包项目经理　　B.工程总承包项目经理和分包项目经理

C.工程总承包项目经理和施工项目经理　　D.工程设计项目经理和施工项目经理

【答案】C

【解析】对承包单位而言,根据其承包工程范围不同,项目经理可分为工程总承包项目经理和施工项目经理。C选项正确。

2.施工项目经理是指具备相应任职条件,由(　　)授权对施工项目进行全面管理的责任人。

A.总监理工程师　　B.企业法定代表人

C.建设单位主要负责人　　D.施工单位负责人

【答案】B

【解析】施工项目经理是指具备相应任职条件,由企业法定代表人授权对施工项目进行全面管理的责任人。B选项正确。

3.施工项目经理应具备的条件有(　　)。

A.具有良好的身体素质　　B.具有建设工程施工现场管理经验

C.具备组织、指挥、协调与沟通能力　　D.取得安全生产考核合格证书

E.具有中级以上职称

【答案】ABCD

【解析】根据中国建筑业协会制定的团体标准《建设工程施工项目经理岗位职业标准》(T/CCIAT 0010—2019),施工项目经理应具备以下条件:①具有工程建设类相应职业资格,并应取得安全生产考核合格证书。②具有良好的身体素质,恪守职业道德,诚实守信,不得有不良行为记录。③具有建设工程施工现场管理经验和项目管理业绩,并应具备下列专业知识和能力:a.施工项目管理范围内的工程技术、管理、经济、法律法规及信息化知识;b.施工项目实施策划和分析解决问题的能力;c.施工项目目标管理及过程控制的能力;d.组织、指挥、协调与沟通能力。A、B、C、D选项正确。

4.施工项目经理应履行的职责包括(　　)。

A.组织进行缺陷责任期工程保修工作

B.参与建设单位、分包单位、供应单位之间的结算工作

C.组织制定项目管理岗位职责,明确项目团队成员职责分工

D.组织项目团队成员进行经济活动分析

E.组织项目团队成员进行施工合同交底和项目管理目标责任分解

【答案】ACDE

【解析】施工项目经理应履行但不限于下列职责:①依据企业规定组建项目经理部,组织制定项目管理

岗位职责，明确项目团队成员职责分工。②执行企业各项规章制度，组织制定和执行施工现场项目管理制度。③组织项目团队成员进行施工合同交底和项目管理目标责任分解。④在授权范围内组织编制和落实施工组织设计、项目管理实施规划、施工进度计划、绿色施工及环境保护措施、质量安全技术措施、施工方案和专项施工方案。⑤在授权范围内进行项目管理指标分解，优化项目资源配置，协调施工现场人力资源安排，并对工程材料、构配件、施工机具设备等资源的质量和安全使用进行全程监控。⑥组织项目团队成员进行经济活动分析，进行施工成本目标分解和成本计划编制，制定和实施施工成本控制措施。⑦建立健全协调工作机制，主持工地例会，协调解决工程施工问题。⑧依据施工合同配合企业或受企业委托选择分包单位，组织审核分包工程款支付申请。⑨组织与建设单位、分包单位、供应单位之间的结算工作，在授权范围内签署结算文件。⑩建立和完善工程档案文件管理制度，规范工程资料管理及存档程序，及时组织汇总工程结算和竣工资料，参与工程的竣工验收工作。⑪组织进行缺陷责任期工程保修工作，组织项目管理工作总结。A、C、D、E选项正确。

5.施工项目经理应具有的权限包括（　　）。

A.主持项目经理部工作

B.组织分包合同和供货合同签订

C.组织项目投标及施工合同签订

D.组织制定项目经理部管理制度

E.参与组建项目经理部

【答案】ADE

【解析】施工项目经理应具有但不限于下列权限：①参与项目投标及施工合同签订。②参与组建项目经理部，提名项目副经理、项目技术负责人，选用项目团队成员。③主持项目经理部工作，组织制定项目经理部管理制度。④决定企业授权范围内的资源投入和使用。⑤参与分包合同和供货合同签订。⑥在授权范围内直接与项目相关方进行沟通。⑦根据企业考核评价办法组织项目团队成员绩效考核评价，按企业薪酬制度拟定项目团队成员绩效工资分配方案，提出不称职管理人员解聘建议。A、D、E选项正确。

考点14　工程项目管理规划★★★

1.根据《建设工程项目管理规范》（GB/T 50326—2017），项目管理规划包括（　　）。

A.项目施工组织设计　　　　　　　　B.项目管理实施规划

C.项目管理实施大纲　　　　　　　　D.项目管理规划大纲

E.项目目标控制规划

【答案】BD

【解析】根据《建设工程项目管理规范》（GB/T 50326—2017），项目管理规划包括项目管理规划大纲和项目管理实施规划。B、D选项正确。

2.指导项目管理的纲领性文件，对于项目管理工作具有战略性、全局性和宏观性指导作用的是（　　）。

A.项目管理规划大纲　　　　　　　　　B.项目管理实施规划

C.项目施工组织设计　　　　　　　　　D.项目合同文件

【答案】A

【解析】项目管理规划大纲是指导项目管理的纲领性文件，对于项目管理工作具有战略性、全局性和宏观性指导作用。A选项正确。

3.项目管理规划大纲的部分编制程序为：①明确项目需求和项目管理范围；②规定项目管理措施；③确定项目管理目标；④确定项目管理组织模式、组织结构和职责分工；⑤分析项目实施条件，进行项目工作结构分解；⑥编制项目资源计划。下列选项中顺序正确的是（　　）。

A.①④⑤③②⑥　　　　　　　　　　　B.①③⑤④②⑥

C.①③④⑤②⑥　　　　　　　　　　　D.①②⑤④③⑥

【答案】B

【解析】项目管理规划大纲应按下列程序编制：①明确项目需求和项目管理范围。②确定项目管理目标。③分析项目实施条件，进行项目工作结构分解。④确定项目管理组织模式、组织结构和职责分工。⑤规定项目管理措施。⑥编制项目资源计划。⑦报送审批。B选项正确。

4.项目管理规划大纲文件应包含的内容有（　　）。

A.项目沟通与相关方　　　　　　　　　B.项目管理资源的提供和安排

C.项目管理组织结构和职责分工　　　　D.项目管理程序和方法要求

E.项目管理目标和职责规定

【答案】BDE

【解析】项目管理规划大纲文件应包含的内容：①项目管理目标和职责规定。②项目管理程序和方法要求。③项目管理资源的提供和安排。B、D、E选项正确。

5.项目管理实施规划应包含的内容有（　　）。

A.设计与技术措施　　　　　　　　　　B.信息管理计划

C.项目现场平面布置图　　　　　　　　D.项目管理目标

E.组织方案

【答案】ABCE

【解析】项目管理实施规划应包括下列内容：①项目概况。②项目总体工作安排。③组织方案。④设计与技术措施。⑤进度计划。⑥质量计划。⑦成本计划。⑧安全生产计划。⑨绿色建造与环境管理计划。⑩资源需求与采购计划。⑪信息管理计划。⑫沟通管理计划。⑬风险管理计划。⑭项目收尾计划。⑮项目现场平面布置图。⑯项目目标控制计划。⑰技术经济指标。A、B、C、E选项正确。

考点15 施工组织设计 ★★★

1.施工组织设计的编制依据有（　　）等。

A.工程现场条件　　　　　　　　　B.工程设计文件

C.工程进度计划　　　　　　　　　D.施工合同文件

E.工程建设标准

【答案】ABDE

【解析】施工组织设计的编制依据：①工程建设有关法律法规及政策。②工程建设标准和技术经济指标。③工程设计文件。④工程招标投标文件或施工合同文件。⑤工程现场条件，工程地质及水文地质、气象等自然条件。⑥与工程有关的资源供应情况。⑦施工单位的生产能力、机具设备状况及技术水平等。A、B、D、E选项正确。

2.施工组织设计按编制对象可分为（　　）。

A.施工组织总设计　　　　　　　　B.单位工程施工组织设计

C.生产用施工组织设计　　　　　　D.施工方案

E.投标用施工组织设计

【答案】ABD

【解析】按编制对象不同，施工组织设计可分为三个层次：施工组织总设计、单位工程施工组织设计和施工方案。A、B、D选项正确。

3.以若干单位工程组成的群体工程或特大型工程项目为主要对象编制的施工组织设计的是（　　）。

A.施工组织总设计　　　　　　　　B.单位工程施工组织设计

C.分部分项工程施工组织设计　　　D.施工方案

【答案】A

【解析】施工组织总设计是指以若干单位工程组成的群体工程或特大型工程项目为主要对象编制的施工组织设计。施工组织总设计对整个工程项目施工过程起着统筹规划、重点控制的作用。A选项正确。

4.施工组织总设计应对工程项目总体施工作出的宏观部署包括（　　）。

A.确定工程项目分阶段（期）施工的合理顺序和空间组织

B.确定工程项目分阶段（期）交付使用计划

C.确定工程项目施工总目标

D.确定各单位工程施工期限

E.确定各单位工程的开竣工时间和相互搭接关系

【答案】ABC

【解析】施工组织总设计应对工程项目总体施工作出下列宏观部署：①确定工程项目施工总目标，包括施工进度、质量、成本、安全、绿色施工及环境管理目标。②根据工程项目施工总目标要求，确定工程项目分阶段（期）交付使用计划。③确定工程项目分阶段（期）施工的合理顺序和空间组织。A、B、C选项正确。

5.根据总体施工部署的要求，用来确定各单位工程施工顺序、施工时间及相互衔接关系的计划是（　　）。

A.总体施工部署　　　　　　　　B.施工总进度计划

C.总体施工准备　　　　　　　　D.施工进度计划

【答案】B

【解析】施工总进度计划是根据总体施工部署要求，用来确定各单位工程施工顺序、施工时间及相互衔接关系的计划。B选项正确。

考点16　工程项目目标动态控制★★★

1.在工程项目目标动态控制过程中，属于事中过程控制的有（　　）。

A.编制工程项目计划　　　　　　B.监督检查实施情况

C.分析偏差产生原因　　　　　　D.计划与实际对比分析

E.构建工程项目目标体系

【答案】BD

【解析】工程项目目标动态控制过程如下图所示。

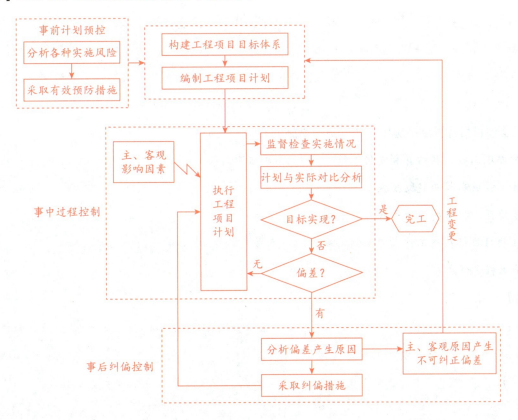

事中过程控制包括监督检查和计划与实际对比分析。B、D选项正确。

2.在工程项目目标控制措施中,建立健全组织机构和规章制度,配备相应管理人员并明确岗位职责分工属于（　　）。

A.组织措施　　　　　　　　　　　　B.技术措施

C.经济措施　　　　　　　　　　　　D.合同措施

【答案】A

【解析】工程项目目标控制组织措施包括：建立健全组织机构和规章制度，配备相应管理人员并明确岗位职责分工；完善沟通机制和工作流程，促进各参建单位、各职能部门间协同工作；强化动态控制中的激励，调动和发挥员工实现项目目标的积极性和创造性；建立工程项目目标控制工作考评机制，通过绩效考核实现持续改进等。A选项正确。

3.在工程项目目标控制措施中，属于技术措施的有（　　）。

A.采用新技术、新材料、新工艺、新设备等"四新"技术并组织专家论证其可靠性和适用性

B.改进施工方法和施工工艺，采用更先进的施工机具

C.采用价值工程进行动态控制

D.采用数字化、智能化技术进行动态控制

E.合理处置工程变更和利用好工程索赔

【答案】ABCD

【解析】工程项目目标在很大程度上需要通过采取技术措施来实现。为此，需要结合工程项目目标控制需求和工程特点，编制项目管理规划、施工组织设计、施工方案并对其技术可行性进行审查、论证；改进施工方法和施工工艺，采用更先进的施工机具；采用新技术、新材料、新工艺、新设备等"四新"技术并组织专家论证其可靠性和适用性等。还要在整个项目实施过程中，采用工程网络计划技术、价值工程、挣值分析等方法和数字化、智能化技术等进行动态控制。E选项错误，属于合同措施。

4.在工程项目目标控制措施中，属于经济措施的有（　　）。

A.及时办理工程价款结算和支付手续

B.完善工程成本节约奖励措施

C.合理处置工程变更和利用好工程索赔

D.建立项目目标控制工作考评机制

E.明确工程责任成本

【答案】ABE

【解析】工程项目归根结底是一项投资的实现，从工程项目的提出到实施，始终伴随着资金的筹集和使用。倘若在工程项目目标控制中忽视经济措施，不仅会使工程成本目标难以实现，而且会影响工程项目其他目标的实现。为此，需要明确工程责任成本，落实加快工程进度所需资金，完善工程成本节约奖励措施，对工程变更方案进行技术经济分析，及时办理工程价款结算和支付手续等。C选项错误，属于合同措施。D选项错误，属于组织措施。

5.在工程项目目标控制措施中,属于合同措施的有(   )。

A.协商确定完善的合同条款

B.动态跟踪合同执行情况

C.对工程变更方案进行技术经济分析

D.通过市场调查系统分析工程承包风险

E.争取有合理化建议的奖励条款

【答案】ABDE

【解析】强化合同管理是控制工程项目目标的重要措施。就承包单位而言,在工程投标环节需要通过市场调查系统分析工程承包风险,并将其对工程承包风险的应对体现在投标报价中。在工程合同签订环节,要结合承包模式及合同计价方式,与建设单位协商确定完善的合同条款,争取有工期提前、合理化建议的奖励条款。在工程合同履行环节,要做好合同交底工作,动态跟踪合同执行情况,合理处置工程变更和利用好工程索赔。C选项错误,属于经济措施。

专题二 相关体系标准

导图框架

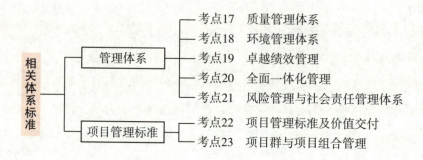

专题雷达图

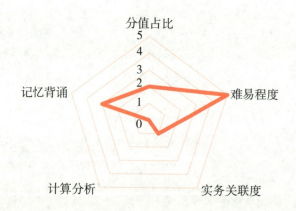

分值占比：本专题在考试中预计分值占比较低，预估分值为8分。

难易程度：本专题内容均摘录自相关的标准文件，与工程的实际工作关联度不高，理解难度大，学习难度高。

实务关联度：本专题预计在实务考试中的出题概率较低，虽与质量、安全、环保内容相关，但实务考试中基本不会考查与"体系标准"相关的内容。

计算分析：本专题不涉及计算类考点。

记忆背诵：本专题对背诵有一定的要求，主要是理解难度高，应加强背诵来应对考试。

考点练习

考点17　质量管理体系★★★

1.《质量管理体系 要求》（GB/T 19001—2016）中包含的内容有（　　）等。

A.领导作用　　　　　　　　　　B.顾客导向

C.术语和定义　　　　　　　　　D.绩效评价

E.组织所处环境

【答案】ACDE

【解析】《质量管理体系 要求》（GB/T 19001—2016）包含10部分内容：①范围；②规范性引用文件；③术语和定义；④组织所处环境；⑤领导作用；⑥策划；⑦支持；⑧运行；⑨绩效评价；⑩改进。

2.质量管理体系是指由（　　）组成的有机整体，以保证产品和服务质量满足规定（或隐含）的要求。

A.支持　　　　　　　　　　　　B.组织机构

C.过程　　　　　　　　　　　　D.程序

E.资源

【答案】BCDE

【解析】质量管理体系是指由组织机构、过程、程序和资源组成的有机整体，以保证产品和服务质量满足规定（或隐含）的要求。

3.在质量管理体系关键要素中，组织拥有的物力、财力、人力、智力（信息、知识）等各种物质要素的总称是指（　　）。

A.组织机构　　　　　　　　　　B.资源

C.过程　　　　　　　　　　　　D.程序

【答案】B

【解析】资源是指组织拥有的物力、财力、人力、智力（信息、知识）等各种物质要素的总称。无论是建立、实施和保持质量管理体系，还是持续改进质量管理体系，以满足顾客不断变化的需求和增强顾客满意度，都需要资源作保障。在为质量管理体系确定和提供资源时，组织应考虑目前的能力和局限性。

4.下列关于质量管理原则的说法中错误的是（　　）。

A.以产品为关注焦点　　　　　　B.持续改进

C.关系管理　　　　　　　　　　D.循证决策

【答案】A

【解析】质量管理原则：以顾客为关注焦点；领导作用；全员参与；过程方法；改进；循证决策；关系管理。A选项以"产品"为关注焦点是错误的，当选。

5.循证决策是建立在（　　）的基础上的。

A.数据和信息分析　　B.理念和经验分析　　C.预算和过程分析　　D.筛选和经验分析

【答案】A

【解析】循证决策是指基于数据和信息的分析和评价的决策，更有可能产生期望的结果。

6.质量管理的核心通常是指（　　）。

A.领导作用　　　　　　　　　　　　　B.顾客满意

C.全员参与　　　　　　　　　　　　　D.持续改进

E.过程控制

【答案】CDE

【解析】质量管理的核心通常是指过程控制、全员参与和持续改进。

考点18　环境管理体系★★

1.按体系标准性质分类，环境管理体系标准可分为（　　）。

A.组织评价标准　　　　　　　　　　　B.产品评价标准

C.管理标准　　　　　　　　　　　　　D.基础标准

E.技术标准

【答案】CDE

【解析】环境管理体系标准可以按体系标准性质分类和按体系标准功能分类。按照体系标准性质分类，环境管理体系标准可分为基础标准、管理标准和技术标准。A、B选项属于按体系标准功能分类。

2.《环境管理体系　要求及使用指南》（GB/T 24001—2016）包含的内容有（　　）。

A.组织所处环境　　　　　　　　　　　B.运行

C.合规　　　　　　　　　　　　　　　D.过程控制

E.领导作用

【答案】ABE

【解析】《环境管理体系　要求及使用指南》（GB/T 24001—2016）包含以下10部分内容：①范围；②规范性引用文件；③术语和定义；④组织所处环境；⑤领导作用；⑥策划；⑦支持；⑧运行；⑨绩效评价；⑩改进。

3.环境管理体系的核心内容中，属于策划的内容有（　　）。

A.环境目标及其实现的策划　　　　　　B.持续改进

C.不符合和纠正措施　　　　　　　　　D.内部审核

E.应对风险和机遇的措施

【答案】AE

【解析】环境管理体系中策划包括两方面内容：①应对风险和机遇的措施。②环境目标及其实现的策划。B、C 选项属于改进的内容，D 选项属于绩效评价的内容。

4.环境管理体系的核心内容中，属于运行的内容有（　　）。

A.应急准备和响应　　　　　　　　　B.运行策划和控制

C.不符合和纠正措施　　　　　　　　D.管理评审

E.应对风险和机遇的措施

【答案】AB

【解析】环境管理体系运行包括两方面内容：①运行策划和控制。②应急准备和响应。C 选项属于改进的内容，D 选项属于绩效评价的内容，E 选项属于策划的内容。

5.环境管理体系的核心内容中，运行包括（　　）方面内容。

A.运行策划　　　　　　　　　　　　B.应急准备

C.信息交流　　　　　　　　　　　　D.运行控制

E.应急响应

【答案】ABDE

【解析】环境管理体系运行包括两方面内容：①运行策划和控制。②应急准备和响应。C 选项属于支持的内容。

考点19　卓越绩效管理★★★

1.卓越绩效管理具有的特点包括（　　）。

A.通过质量管理体系的有效应用及持续改进，增强顾客满意度

B.关注比较优势和竞争能力的提升

C.从追求产品和服务质量转为追求核心竞争力

D.聚焦组织经营结果

E.证实组织具有稳定提供满足顾客要求的产品和服务的能力

【答案】BCD

【解析】卓越绩效管理具有以下特点：①从追求产品和服务质量转为追求核心竞争力。②聚焦组织经营结果。③关注比较优势和竞争能力的提升。

2.《卓越绩效评价准则》（GB/T 19580—2012）中明确了说明组织驱动力的基本理念，其中包括（　　）。

A.战略导向　　　　　　　　　　　　B.合作共赢

C.系统管理　　　　　　　　　　　　D.顾客驱动

E.远见卓识的领导

【答案】ADE

【解析】《卓越绩效评价准则》（CB/T 19580—2012）明确了说明组织驱动力的基本理念，其中包括：远见卓识的领导；战略导向；顾客驱动。B选项属于阐明组织经营行为的基本理念，C选项属于提供组织运行方法和技术的基本理念。

3.在卓越绩效评价准则框架中，构成"过程结果"三角的是（　　）。

　　A."资源""战略""结果"　　　　　　　　B."资源""过程管理""测量、分析和改进"

　　C."资源""过程管理""结果"　　　　　　D."资源""战略""结果"

【答案】 C

【解析】 "资源""过程管理""结果"构成"过程结果"三角，强调如何充分调动组织中人的积极性和能动性，通过组织中的人在各个业务流程中发挥作用和过程管理的规范，高效地实现组织所追求的经营结果。"过程结果"是从动的，关注的是组织如何正确地做事，解决的是效率和绩效问题。

4.卓越绩效模式中，在关注组织如何做正确的事时，需要强调的组成要素有（　　）。

　　A."领导作用"　　　　　　　　　　　　B."战略"

　　C."资源"　　　　　　　　　　　　　　D."过程管理"

　　E."顾客与市场"

【答案】 ABE

【解析】 "领导作用""战略""顾客与市场"构成"领导作用"三角，强调高层领导在组织所处的特定环境中，通过制定以顾客与市场为中心的战略，为组织谋划长远未来。"领导作用"是驱动力，关注的是组织如何做正确的事。

5.卓越绩效模式强调以系统的观点来管理整个组织及关键过程，而这种系统管理使用的基本方法是（　　）。

　　A.反馈方法　　　　　　　　　　　　　B.过程方法

　　C.评价方法　　　　　　　　　　　　　D.监督方法

【答案】 B

【解析】 卓越绩效模式强调以系统的思维来管理整个企业，系统思维反映的是企业管理的整体性、一致性和协调性，也就是企业的整体、纵向和横向的关系。过程方法（PDCA）是系统管理的基本方法。

考点20　全面一体化管理★★

1.狭义的全面一体化管理体系也可称为"三标一体化管理体系"，是指组织依据（　　）三大标准建立的一体化管理体系。

　　A.质量管理体系　　　　　　　　　　　B.环境管理体系

　　C.风险管理体系　　　　　　　　　　　D.卓越绩效管理体系

　　E.职业健康安全管理体系

【答案】 ABE

【解析】狭义的全面一体化管理体系也可称为"三标一体化管理体系",是指组织依据质量管理体系、环境管理体系、职业健康安全管理体系三大标准建立的质量、环境、职业健康安全一体化管理体系,其目的是满足顾客、社会、员工及组织的相关方要求,用于第二方评价认定(如业主)或第三方审核认证。

2.企业建立"三标一体化管理体系",其可行性体现在(   )。

A.运行模式大致相同

B.均强调战略导向

C.均强调大质量观

D.基本逻辑思想相同

E.框架结构较为相似

【答案】ADE

【解析】建立全面一体化管理体系可行性体现在:①相关管理体系标准的基本逻辑思想相同;②相关管理体系标准的运行模式大致相同;③相关管理体系标准的框架结构相似。

3.建筑企业建立全面一体化管理体系应具备的条件有(   )。

A.已完成组织职能的再分配

B.明确了组织机构设置或调整的方案

C.初步确定了方针目标

D.基本确定了管理体系的主要过程及其需要开展的主要活动

E.所有利益相关方得到协调

【答案】ABCD

【解析】建筑企业建立全面一体化管理体系至少应具备以下条件:①初步确定了方针目标;②基本确定了管理体系的主要过程及其需要开展的主要活动;③明确了组织机构设置或调整的方案;④已完成组织职能的再分配。

4.在全面一体化管理体系文件的编制程序中,当企业新建立管理体系时,管理体系文件通常按照(   )的顺序进行编制。

A.记录、工作指导书、程序文件、管理手册

B.管理手册(含管理方针)、程序文件、工作指导书、记录

C.程序文件、工作指导书、管理手册、记录

D.工作指导书、程序文件、管理手册、记录

【答案】B

【解析】企业新建立全面一体化管理体系时,管理体系文件一般按管理手册(含管理方针)、程序文件、工作指导书和记录的顺序进行编制。

考点21　风险管理与社会责任管理体系★★

1.风险管理原则的核心是（　　）。

A.领导作用与承诺　　B.社会责任　　C.提升绩效　　D.创造和保护价值

【答案】D

【解析】风险管理原则轮中，核心是"创造和保护价值"；风险管理框架轮中，核心是"领导作用与承诺"；风险管理过程轮中，反映了风险评估的经典过程：风险识别—风险分析—风险评价。

2.有效的风险管理应遵循（　　）等原则。

A.最佳可用信息　　　　　　　　B.结构化和全面性

C.人和文化因素　　　　　　　　D.包容性

E.操作可行

【答案】ABCD

【解析】风险管理的目的是创造和保护价值。风险管理能够改善绩效、鼓励创新、支持组织目标的实现。有效的风险管理应遵循整合、结构化和全面性、定制化、包容性、动态性、最佳可用信息、人和文化因素、持续改进等原则，这些原则有助于组织应对不确定性对目标的影响。

3.《社会责任指南》（GB/T 36000—2015）中给出的社会责任核心主题有（　　）等。

A.公平运行实践　　　　　　　　B.组织治理

C.产权　　　　　　　　　　　　D.劳工实践

E.社区参与和发展

【答案】ABDE

【解析】为了界定组织的社会责任范围，识别相关议题并确定其优先顺序，《社会责任指南》（GB/T 36000—2015）给出了7项核心主题及其所包含的31项议题。社会责任核心主题包括：组织治理、人权、劳工实践、环境、公平运行实践、消费者问题、社区参与和发展。

4.组织为证实其符合社会责任管理体系标准，可通过（　　）方式来实现其愿望。

A.寻求内部组织对其社会责任管理体系进行认证或注册

B.寻求组织的利益相关方（如顾客）对其符合性进行确认

C.寻求组织的外部机构对其自我声明进行确认

D.寻求外部组织对其社会责任管理体系进行认证或注册

E.开展自我评价和声明

【答案】BCDE

【解析】组织为证实其符合社会责任管理体系标准，可通过以下方式来实现其愿望：①开展自我评价和声明；②寻求组织的利益相关方（如顾客）对其符合性进行确认；③寻求组织的外部机构对其自我声明进行确认；④寻求外部组织对其社会责任管理体系进行认证或注册。

5.关于社会责任与ESG的异同的说法,正确的有( )。

A.社会责任更加注重"性质"体现

B.社会责任多用来反映企业在ESG方面所取得的具体实效

C.ESG更加注重"量值"体现

D.ESG多用来体现企业发展理念或价值导向

E.社会责任与ESG均强调超越传统的财务或利润目标

【答案】ACE

【解析】社会责任与ESG具有明显的相似之处:一是均强调超越传统的财务或利润目标;二是均关注环境、社会等具体细分内容;三是在企业内部通常会由同一或相关部门统筹落实,也会在同一专栏对外进行信息披露。社会责任与ESG也存在一些差异:一是侧重点不同,社会责任更加注重"性质"体现,多用来体现企业发展理念或价值导向,ESG更加注重"量值"体现,多用来反映企业在ESG方面所取得的具体实效;二是对企业发展的作用及意义不同,社会责任传播属性更强,更注重口碑建立及品牌推广,而ESG与投融资等的关系更为密切。

考点22　项目管理标准及价值交付★

1.根据《建设工程项目管理规范》(GB/T 50326—2017),项目管理流程应包括(　　)过程。

A.启动　　　　　　　　　　　　B.核算

C.策划　　　　　　　　　　　　D.监控

E.实施

【答案】ACDE

【解析】根据《建设工程项目管理规范》(GB/T 50326—2017),项目管理机构应按项目管理流程实施项目管理。项目管理流程应包括启动、策划、实施、监控和收尾过程,各个过程之间相对独立,又相互联系。

2.价值驱动型项目管理是项目管理的发展趋势,项目成功与否在于(　　)。

A.项目成果是否交付

B.项目是否得到相关方验收

C.范围、进度、成本三重要素约束下满足质量要求

D.项目实现收益并获取价值

【答案】D

【解析】度量项目成功的指标应由传统项目管理所强调的范围、进度、成本三重要素约束下满足质量要求从而成功地交付项目可交付成果,转变为实现收益并获取价值。项目成功与否并不在于项目成果是否交付、是否得到相关方验收,而在于项目完成时相关方对可交付成果的价值感知与价值认同,以及项目投入运营后可交付成果为组织和社会创造的价值。

考点23　项目群与项目组合管理★★★

1.为实现组织的战略目标、经营目标和收益提供优势，而被协调管理的一组相关项目群组件所形成的临时结构是指（　　）。

A.项目群　　　　　B.项目群管理　　　　　C.项目组合　　　　　D.项目组合群

【答案】A

【解析】项目群是指为实现组织的战略目标、经营目标和收益提供优势，而被协调管理的一组相关项目群组件所形成的临时结构。

2.为实现组织的整体或部分战略目标，便于进行有效管理而组合在一起的项目、项目群及其他相关工作是指（　　）。

A.项目组合　　　　　B.项目集合　　　　　C.项目群　　　　　D.项目组合群

【答案】A

【解析】项目组合是指为实现组织的整体或部分战略目标，便于进行有效管理而组合在一起的项目、项目群及其他相关工作。例如，一个基础设施公司为实现其投资回报最大化战略目标，可将石油天然气、能源、水利、道路、铁道、机场等多个项目或项目群组合在一起。

3.项目群的特征有（　　）。

A.为利益相关方提供收益
B.具有复杂性和不确定性
C.由不相关的项目群组件构成
D.帮助实现战略目标或经营目标
E.具有兼容性和实施性

【答案】ABD

【解析】项目群具有以下特征：①项目群由具有相互依存和相互关联的项目群组件构成；②项目群为利益相关方提供收益，并帮助实现战略目标或经营目标；③项目群具有复杂性和不确定性，需要加以管理来尽可能减少复杂性和不确定性。

4.有效实施项目群管理应具备的先决条件包括（　　）。

A.项目群管理一致性要求
B.项目群实践与控制
C.项目群角色和责任划分
D.项目群管理合理性评估
E.项目群管理必要性评估

【答案】ACE

【解析】有效实施项目群管理，应具备以下先决条件：①项目群管理必要性评估；②项目群管理一致性要求；③项目群角色和责任划分。

专题三 招投标与合同管理

导图框架

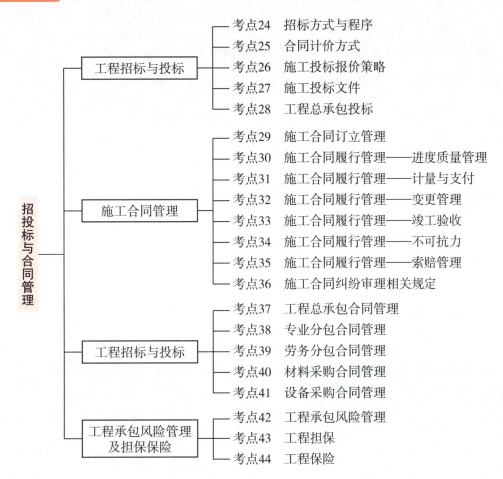

专题雷达图

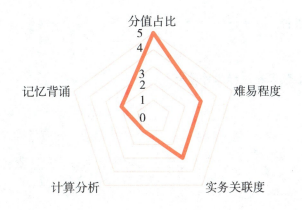

分值占比：本专题在考试中预计分值占比较高，预估分值为20分。

难易程度：本专题在内容上与实际工作的关联度较高，易于理解，难点在于不同合同之间的比较及区分。

实务关联度：本专题预计在实务考试中容易出关联题目，如招标与投标、发承包人的责任与义务、工程索赔等相关考点。

计算分析：本专题计算类考点较少，其主要出现在索赔与支付部分。

记忆背诵：本专题学习主要以理解为主，需要背诵、记忆的部分不多。

 考点练习

考点24　招标方式与程序★★★

1.下列选项中属于工程邀请招标的优点的是（　　）。

A.能够获得有竞争性的商业报价　　B.节约招标费用、缩短招标时间

C.较大程度上避免招标过程中的贿标行为　　D.招标人可在较广范围内选择承包商

【答案】B

【解析】与公开招标相比，邀请招标的优点是不发布招标公告，不进行资格预审，简化了招标程序，因而可节约招标费用、缩短招标时间。而且由于招标人比较了解投标人以往的业绩和履约能力，从而可减少合同履行过程中承包商违约的风险。

2.采用公开招标方式选择中标单位的优点有（　　）。

A.节约招标费用

B.投标竞争激烈，择优率更高

C.获得有竞争性的商业报价

D.缩短招标时间

E.对投标申请者进行资格预审和评标工作量大

【答案】BC

【解析】公开招标的优点：招标人可在较广范围内选择承包商，投标竞争激烈，择优率更高，有利于招标人将工程项目交予可靠承包商实施，并获得有竞争性的商业报价，同时也可在较大程度上避免招标过程中的贿标行为。公开招标的缺点：准备招标、对投标申请者进行资格预审和评标工作量大，招标时间长、费用高。

3.施工招标准备工作主要包括（　　）。

A.组建招标组织　　　　　　　　　B.办理招标申请手续

C.进行招标策划　　　　　　　　　D.编制资格预审文件

E.发布招标公告

【答案】ABCD

【解析】施工招标准备工作主要包括组建招标组织、办理招标申请手续、进行招标策划、编制资格预审文件和招标文件等。E选项属于施工招标过程工作。

4.施工评标过程中，发现投标报价大写金额与小写金额不一致时，评标委员会正确的处理办法是（　　）。

A.以小写金额为准，修正投标报价并经投标人书面确认

B.以大写金额为准，修正投标报价并经投标人书面确认

C.由投标人书面澄清，按大写或按小写来计算投标报价

D.将该投标文件直接作废标处理

【答案】B

【解析】已标价工程量清单有计算错误的，总价金额与依据单价计算出的结果不一致时，以单价金额为准修正总价，单价金额小数点有明显错误的除外；书写有错误的，投标文件中的大写金额与小写金额不一致时，以大写金额为准。评标委员会对投标报价的错误予以修正后，需请投标人书面确认，作为投标报价的金额。投标人不接受修正价格的，其投标作废标处理。

5.根据《标准施工招标文件》，评标委员会对投标报价进行的响应性评审内容有（　　）。

A.投标文件格式　　　　　　　　　B.投标有效期

C.投标保证金　　　　　　　　　　D.已标价工程量清单

E.是否具备安全生产许可证

【答案】BCD

【解析】根据《标准施工招标文件》，响应性评审内容包括投标内容、工期、工程质量、投标有效期、投标保证金、权利义务、已标价工程量清单、技术标准和要求等。A选项属于形式评审，E选项属于资格评审。

考点25　合同计价方式★★★

1.招标时已有施工图设计文件，施工任务和发包范围明确，合同履行中不会出现较大设计变更，宜采用（　　）形式。

A.固定总价合同　　　　　　　　　B.可调总价合同

C.固定单价合同　　　　　　　　　D.成本加酬金合同

【答案】A

【解析】固定总价合同一般适用于下列情形：①招标时已有施工图设计文件，施工任务和发包范围明确，合同履行中不会出现较大设计变更；②工程规模较小、技术不太复杂的中小型工程或承包工作内容较为简单的工程部位，施工单位可在投标报价时合理地预见施工过程中可能遇到的各种风险；③工程量小、工期较短（一般为1年之内），合同双方可不必考虑市场价格浮动对承包价格的影响。

2. 单价合同大多适用于（　　）。

A. 施工任务和发包范围明确，合同履行中不会出现较大设计变更的工程

B. 工程规模较小、技术不太复杂的中小型工程

C. 工期长、技术复杂、实施过程中发生各种不可预见因素较多的大型工程

D. 建设单位为缩短工程建设周期，初步设计完成后就进行招标的工程

E. 紧急工程或灾后修复工程

【答案】CD

【解析】单价合同大多用于工期长、技术复杂、实施过程中发生各种不可预见因素较多的大型工程，以及建设单位为缩短工程建设周期，初步设计完成后就进行招标的工程。

3. 成本加酬金合同的形式主要有（　　）。

A. 成本加固定酬金合同　　　　B. 成本加固定百分比酬金合同

C. 最大成本加税金合同　　　　D. 成本加浮动酬金合同

E. 目标成本加奖罚合同

【答案】ABDE

【解析】根据酬金计取方式不同，成本加酬金合同又可分为成本加固定百分比酬金、成本加固定酬金、成本加浮动酬金和目标成本加奖罚四类合同形式。

4. 在下列成本加酬金合同形式中，（　　）形式对双方都没有太大风险，且又能促使施工单位关心成本降低和缩短工期。

A. 成本加固定酬金合同　　　　B. 成本加固定百分比酬金合同

C. 目标成本加奖罚合同　　　　D. 成本加浮动酬金合同

【答案】D

【解析】成本加浮动酬金合同形式对双方都没有太大风险，且又能促使施工单位关心成本降低和缩短工期。

5. 对施工单位而言，基本没有风险的合同方式有（　　）。

A. 总价合同　　　　　　　　　B. 单价合同

C. 成本加固定百分比酬金合同　D. 成本加固定酬金合同

E. 目标成本加奖罚合同

【答案】CD

【解析】不同合同计价方式的比较详见下表：

不同合同计价方式比较

合同类型		应用范围	建设单位造价控制	施工单位风险
总价合同		广泛	易	大
单价合同		广泛	较易	小
成本加酬金	固定百分比酬金	有局限性	最难	基本没有
	固定酬金		难	
	浮动酬金		不易	不大
	目标成本加奖罚	酌情	有可能	有

考点26 施工投标报价策略 ★★★

1.施工单位投标报价时，报价可高一些的工程有（ ）。

A.施工条件差的工程

B.附近有工程而本项目可利用该工程的机械设备、劳务或有条件短期内突击完成的工程

C.总价低的小工程

D.港口码头、地下开挖工程

E.工期要求紧的工程

【答案】ACDE

【解析】施工单位遇下列情形时，其报价可高一些：施工条件差的工程（如条件艰苦、场地狭小或地处交通要道等）；专业要求高的技术密集型工程且施工单位在这方面有专长，声望也较高；总价低的小工程，以及施工单位不愿做而被邀请投标，又不便不投标的工程；特殊工程，如港口码头、地下开挖工程等；投标对手少的工程；工期要求紧的工程；支付条件不理想的工程。

2.投标报价时，可以报价低一些的是（ ）。

A.施工条件差且专业要求高的工程　　B.支付条件好的工程

C.投标对手少的工程　　D.工期要求急的工程

【答案】B

【解析】投标单位遇下列情形时，其报价可低一些：施工条件好的工程，工作简单、工程量大而其他投标人都可以做的工程（如大量土方工程、一般房屋建筑工程等）；投标单位急于打入某一市场、某一地区，或虽已在某一地区经营多年，但即将面临没有工程的情况，机械设备无工地转移时；附近有工程而本项目可利用该工程的设备、劳务或有条件短期内突击完成的工程；投标对手多，竞争激烈的工程；非急需工程；支付条件好的工程。

3.在常用的工程报价技巧中，（ ）是指在不影响工程总报价的前提下，通过调整内部各个项目的报价，以达到既不提高总报价、不影响中标，又能在结算时得到更理想的经济效益的报价方法。

A.多方案报价法　　B.保本竞标法　　C.突然降价法　　D.不平衡报价法

【答案】D

【解析】不平衡报价法是指在不影响工程总报价的前提下,通过调整内部各个项目的报价,以达到既不提高总报价、不影响中标,又能在结算时得到更理想收益的报价方法。

4.当施工单位投标采用不平衡报价法时,可以适当提高报价的项目有( )。

A.工程内容说明不清楚的　　　　　　　B.暂定项目中必定要施工的不分标

C.单价与包干混合制合同中采用包干报价的　　D.综合单价分析表中的材料费

E.预计开工后工程量会减少的

【答案】BC

【解析】工程内容说明不清楚的,可降低一些单价,在工程实施阶段通过索赔再寻求提高单价的机会,A选项错误。投标时可将综合单价分析表中的人工费及机械设备费报得高一些,而材料费报得低一些,D选项错误。对于将来工程量有可能减少的项目,适当降低单价,E选项错误。

5.在下列投标报价方法中,( )适用于招标文件中的工程范围不明确,条款不清楚或不公正,或技术规范要求过于苛刻的工程。

A.不平衡报价法　　　B.多方案报价法　　　C.保本竞标法　　　D.突然降价法

【答案】B

【解析】多方案报价法适用于招标文件中的工程范围不明确,条款不清楚或不公正,或技术规范要求过于苛刻的工程。采用多方案报价法可降低投标风险,但投标工作量较大。

考点27　施工投标文件★★★

1.施工投标文件中的技术标书主要是指( )。

A.工程报价　　　　　　　　　　　　B.对合同条款的确认

C.优惠条件　　　　　　　　　　　　D.施工组织设计

【答案】D

【解析】施工投标文件中的技术标书主要是指施工组织设计。施工组织设计需要包括:施工组织设计文字说明,施工项目管理组织机构及主要人员简历,拟投入的施工机械设备和试验检测设备,新材料、新技术、新工艺、新设备的应用和推广,施工总平面布置图,施工总进度计划及资源安排计划,主要工序工艺流程,施工质量和安全保证体系,施工项目拟分包情况,合理化建议等。

2.施工投标文件中,商务标书中的工程报价包括( )等。

A.投标担保　　　　　　　　　　　　B.调价权值系数

C.单价分析　　　　　　　　　　　　D.计日工明细表

E.暂定金额汇总表

【答案】BCDE

【解析】施工投标文件中,商务标书中的工程报价以工程量清单为主,包括已标价工程量清单、暂定金额汇总表、计日工明细表、单价分析、调价权值系数等。A选项属于投标函及其他有关文件。

3.投标函及其他有关文件包括（　　）。

A.投标函及投标函附录
B.投标担保
C.联合体协议书
D.资格预审更新资料
E.投标邀请函

【答案】ABCD

【解析】投标函及其他有关文件：这部分文件是指投标函及"投标人须知"规定必须提交的文件，包括投标函及投标函附录、投标担保、授权书、联合体协议书、资格预审更新资料或资格后审资料、投标人承揽的在建工程情况、分包人情况等。

考点28　工程总承包投标★★

1.工程总承包招标文件应包括的内容有（　　）。

A.合同条款及格式
B.发包人要求
C.技术标准和要求
D.发包人提供的资料
E.工程量清单

【答案】ABD

【解析】工程总承包招标文件应包括下列内容：①招标公告或投标邀请书；②投标人须知；③评标办法；④合同条款及格式；⑤发包人要求；⑥发包人提供的资料；⑦投标文件格式；⑧投标人须知前附表规定的其他材料。此外，招标人对招标文件的澄清、修改，也构成招标文件的组成部分。与施工招标文件组成不同的是，施工招标文件中的"工程量清单""图纸""技术标准和要求"，在工程总承包招标文件中改变为"发包人要求"和"发包人提供的资料"。

2.与施工招标相比，工程总承包招标应在投标人须知中增加的内容是（　　）。

A.投标有效期
B.设计成果补偿办法
C.投标保证金的要求
D.投标人资格要求

【答案】B

【解析】与标准施工招标文件相比较，工程总承包招标在投标人须知在设计方面提出了有关设计工作方面的要求：①质量标准；②投标人资格要求；③设计成果补偿。

3.招标人按照投标人须知前附表的要求，对于符合招标文件规定的未中标人的设计成果给予补偿后，关于该设计成果使用的说法，正确的是（　　）。

A.招标人应保护未中标人知识产权且不得使用其设计成果
B.招标人有权免费使用未中标人的设计成果
C.应由中标人与未中标人协商使用其设计成果的许可和费用

D.中标人应邀请未中标人加入其设计团队并使用未中标人的设计成果

【答案】B

【解析】设计成果补偿，是指招标人对符合招标文件规定的未中标人的设计成果进行补偿的，按投标人须知前附表规定给予补偿，并有权免费使用未中标人设计成果等。

考点29 施工合同订立管理★★★

1.根据《标准施工招标文件》，施工合同文件包括下列内容：①已标价工程量清单；②技术标准和要求；③中标通知书。仅就上述三项内容而言，合同文件的优先解释顺序是（　　）。

A.①→②→③　　　B.③→①→②　　　C.②→①→③　　　D.③→②→①

【答案】D

【解析】《标准施工招标文件》中合同文件的优先顺序如下：①合同协议书；②中标通知书；③投标函及投标函附录；④专用合同条款；⑤通用合同条款；⑥技术标准和要求；⑦图纸；⑧已标价工程量清单；⑨其他合同文件。

2.根据《标准施工招标文件》中通用合同条款的规定，属于发包人义务的是（　　）。

A.工程的维护和照管　　　　　　　　B.审查承包人实施方案

C.协助承包人办理证件和批件　　　　D.组织工程预竣工验收

【答案】C

【解析】根据《标准施工招标文件》中通用合同条款的规定，发包人的义务：①发出开工通知；②提供施工场地；③协助承包人办理证件和批件；④组织设计交底；⑤支付合同价款；⑥组织竣工验收。

3.发包人应委托监理人发出开工通知，监理人应在开工日期（　　）前向承包人发出开工通知。

A.3天　　　　B.5天　　　　C.7天　　　　D.10天

【答案】C

【解析】发包人应委托监理人发出开工通知，监理人应在开工日期7天前向承包人发出开工通知。监理人在发出开工通知前应获得发包人同意。工期自监理人发出的开工通知中载明的开工日期起计算。承包人应在开工日期后尽快施工。

4.根据《标准施工招标文件》中通用合同条款的规定，监理人依据施工合同的约定，指示承包人对施工的临时道路进行必要的养护，由此而产生的费用应由（　　）承担。

A.承包人　　　　　　　　　　　　　B.发包人

C.发包人和承包人共同　　　　　　　D.监理人

【答案】A

【解析】承包人应负责修建、维修、养护和管理施工所需的临时道路，以及为开始施工所需的临时工程和必要的设施，以满足开工要求。

考点30　施工合同履行管理——进度质量管理★★★

1.根据《标准施工招标文件》，由于发包人原因发生暂停施工的紧急情况，承包人可先暂停施工并向监理人提出暂停施工的书面请求。监理人应在收到承包人书面请求后的（　　）内给予答复。

A.5日　　　　　　　　B.48小时　　　　　　　　C.3日　　　　　　　　D.24小时

【答案】D

【解析】由于发包人原因发生暂停施工的紧急情况，且监理人未及时下达暂停施工指示的，承包人可先暂停施工，并及时向监理人提出暂停施工的书面请求。监理人应在接到书面请求后的24小时内予以答复。逾期未答复的，视为同意承包人的暂停施工请求。

2.发包人要求承包人提前竣工，或承包人提出提前竣工的建议能够给发包人带来效益的，应由（　　）采取加快工程进度的措施和修订合同进度计划。

A.承包人　　　　　　　　　　　　　　　B.发包人

C.发包人与承包人共同协商　　　　　　　D.监理人与承包人共同协商

【答案】D

【解析】发包人要求承包人提前竣工，或承包人提出提前竣工的建议能够给发包人带来效益的，应由监理人与承包人共同协商采取加快工程进度的措施和修订合同进度计划。发包人应承担承包人由此增加的费用，并向承包人支付专用合同条款约定的相应奖金。承包人应协助发包人办理上述手续。

3.由于承包人原因，未能按合同进度计划完成工作，造成工期延误。对于该事件，下列说法中正确的是（　　）。

A.承包人应采取措施加快进度，并支付逾期竣工违约金

B.承包人应采取措施加快进度，并由发包人承担费用

C.监理人与承包人共同协商修订合同进度计划，并由发包人承担费用

D.承包人有权要求发包人延长工期

【答案】A

【解析】由于承包人原因，未能按合同进度计划完成工作，或监理人认为承包人施工进度不能满足合同工期要求的，承包人应采取措施加快进度，并承担加快进度所增加的费用。由于承包人原因造成工期延误，承包人应支付逾期竣工违约金。承包人支付逾期竣工违约金，不免除承包人完成工程及修补缺陷的义务。

4.根据《标准施工招标文件》中通用合同条款的规定，承包人在自检确认隐蔽部位具备覆盖条件后，通知监理人在约定的期限内进行检查，该部分隐蔽工程施工完成后，监理人有权提出对已经隐蔽的工程进行重新检验的要求，则重新检验的费用（　　）。

A.应由承包人承担　　　　　　　　　　　B.应由发包人承担

C.应视重新检验结果，确定由哪方承担　　D.因监理人未对隐蔽工程进行验收，应由监理人承担

【答案】C

【解析】监理人对质量有疑问的，可要求承包人对已覆盖的部位进行钻孔探测或揭开重新检验，承包人应遵照执行，并在检验后重新覆盖恢复原状。经检验证明工程质量符合合同要求的，由发包人承担由此增加的费用和（或）工期延误，并支付承包人合理利润；经检验证明工程质量不符合合同要求的，由此增加的费用和（或）工期延误由承包人承担。

5.根据《标准施工招标文件》中通用合同条款的规定，如承包人未通知监理人到场检查，私自将工程隐蔽部位覆盖的，对于监理人提出的重新检验要求，重新检验的费用（　　）。

A.应由承包人承担　　　　　　　　　B.应由发包人承担

C.应视重新检验结果，确定由哪方承担　　D.应由承包人和发包人各承担50%

【答案】A

【解析】承包人未通知监理人到场检查，私自将工程隐蔽部位覆盖的，监理人有权指示承包人钻孔探测或揭开检查，由此增加的费用和（或）工期延误由承包人承担。

考点31　施工合同履行管理——计量与支付★★★

1.发包人应在工程开工后的28天内预付不低于当年施工进度计划的安全文明施工费总额的（　　）。

A.50%　　　　　B.60%　　　　　C.70%　　　　　D.80%

【答案】B

【解析】《建设工程工程量清单计价规范》（GB 50500—2013）对安全文明施工费的预付作出了明确规定。发包人应在工程开工后的28天内预付不低于当年施工进度计划的安全文明施工费总额的60%，其余部分按照提前安排的原则进行分解，与进度款同期支付。

2.发包人应在监理人收到（　　）后的28天内，将进度应付款支付给承包人。

A.进度付款申请单　　B.预付款保函　　C.责任保修单　　D.竣工付款申请单

【答案】A

【解析】发包人应在监理人收到进度付款申请单后的28天内，将进度应付款支付给承包人。发包人不按期支付的，按专用合同条款的约定支付逾期付款违约金。

3.根据《标准施工招标文件》中通用合同条款的规定，监理人出具进度付款证书，则（　　）。

A.视为监理人已同意承包人完成的该部分工作

B.视为发包人已接受承包人完成的该部分工作

C.发包人应在监理人收到进度付款申请单后的28天内，将进度应付款支付给承包人

D.视为监理人已批准了承包人完成的该部分工作

【答案】C

【解析】监理人在收到承包人进度付款申请单以及相应的支持性证明文件后的14天内完成核查，提出发包人到期应支付给承包人的金额以及相应的支持性材料，经发包人审查同意后，由监理人向承包人出具经

发包人签认的进度付款证书。发包人应在监理人收到进度付款申请单后的28天内,将进度应付款支付给承包人。监理人出具进度付款证书,不应视为监理人已同意、批准或接受了承包人完成的该部分工作。

4.根据《建设工程工程量清单计价规范》(GB 50500—2013),关于预付款的说法,正确的是(   )。

A.包工包料工程的预付款支付比例不得低于签约合同价的20%

B.包工包料工程的预付款支付比例不宜高于签约合同价(扣除暂列金额)的20%

C.发包人应在收到支付申请的5天内进行核实后向承包人发出预付款支付证书

D.发包人应承担由逾期支付预付款增加的费用和(或)延误的工期,并向承包人支付合理利润

【答案】D

【解析】包工包料工程的预付款支付比例不得低于签约合同价(扣除暂列金额)的10%,不宜高于签约合同价(扣除暂列金额)的30%。发包人应在收到支付申请的7天内进行核实后向承包人发出预付款支付证书,并在签发支付证书后的7天内向承包人支付预付款。发包人没有按合同约定按时支付预付款的,承包人可催告发包人支付;发包人在预付款期满后的7天内仍未支付的,承包人可在付款期满后的第8天起暂停施工。发包人应承担由此增加的费用和(或)延误的工期,并向承包人支付合理利润。

考点32　施工合同履行管理——变更管理★★★

1.施工合同履行期间,属于变更范围的有(   )。

A.承包人投入施工设备的数量超过投标文件承诺的数量

B.为完成工程需要追加的额外工作

C.改变合同中任何一项工作的施工时间

D.改变合同中任何一项工作的质量特性

E.承包人在合同中的某项工作转由发包人自行实施

【答案】BCD

【解析】标准施工合同通用条款规定的变更范围包括:①取消合同中任何一项工作,但被取消的工作不能转由发包人或其他人实施;②改变合同中任何一项工作的质量或其他特性;③改变合同工程的基线、标高、位置或尺寸;④改变合同中任何一项工作的施工时间或改变已批准的施工工艺或顺序;⑤为完成工程需要追加的额外工作。

2.根据《标准施工招标文件》,当合同履行期间出现工程变更时,该变更在已标价工程量清单中无适用或类似子目的单价参考的,其变更估价正确的方式是(   )。

A.按照成本加适当利润的原则,由发包人确定变更单价

B.按照成本加管理费的原则,由合同当事人协商确定变更工作的单价

C.按照成本加利润的原则,由监理人和当事人商定或确定变更工作的单价

D.根据成本加适当利润的原则,由监理人确定新的变更单价

【答案】C

【解析】除专用合同条款另有约定外，因变更引起的价格调整按以下原则处理：①已标价工程量清单中有适用于变更工作的子目的，采用该子目的单价；②已标价工程量清单中无适用于变更工作的子目，但有类似子目的，可在合理范围内参照类似子目的单价，由监理人和合同当事人商定或确定变更工作的单价；③已标价工程量清单中无适用或类似子目的单价，可按照成本加利润的原则，由监理人和合同当事人商定或确定变更工作的单价。

3.某土方工程招标文件中，清单工程量为3000m³；合同约定，工程综合单价为80元/m³。当实际工程量增加15%以上时，增加部分的工程量综合单价为72元/m³，工程结束实际完成并经发包人确认的工程量为3600m³，则工程价款为（　　）元。

A.259200　　　　B.286800　　　　C.283200　　　　D.288000

【答案】B

【解析】当工程量增加15%以上时，增加部分的工程量的综合单价应予调低；当工程量减少15%以上时，减少后剩余部分的工程量综合单价应予调高。[3600-3000×（1+15%）]×72+3000×（1+15%）×80=286800（元）。

考点33　施工合同履行管理——竣工验收★★★

1.根据《标准施工招标文件》，监理人审查后认为已具备竣工验收条件的，应在收到竣工验收申请报告后的（　　）内提请发包人进行工程验收。

A.28天　　　　B.21天　　　　C.14天　　　　D.7天

【答案】A

【解析】监理人审查后认为已具备竣工验收条件的，应在收到竣工验收申请报告后的28天内提请发包人进行工程验收。

2.除专用合同条款另有约定外，经验收合格工程的实际竣工日期，以（　　）的日期为准，并在工程接收证书中写明。

A.提交竣工验收申请报告　　　　B.竣工验收合格
C.颁发竣工验收合格证书　　　　D.主体结构结束

【答案】A

【解析】除专用合同条款另有约定外，经验收合格工程的实际竣工日期，以提交竣工验收申请报告的日期为准，并在工程接收证书上写明。

3.某工程项目承包人于2016年7月12日向发包人提交了竣工验收报告，发包人收到报告后，于2016年8月5日组织竣工验收，于2016年8月10日签署有关竣工验收合格的文件，发包人于2016年8月20日按有关规定办理了竣工验收备案手续。根据《标准施工招标文件》中对于通用合同条款的规定，本项目的实际竣工日期为（　　）。

A.2016年7月12日　　B.2016年8月5日　　C.2016年8月10日　　D.2016年8月20日

【答案】A

【解析】除专用合同条款另有约定外，经验收合格工程的实际竣工日期，以提交竣工验收申请报告的日期为准。

4.根据《标准施工招标文件》，承包人向监理人报送竣工验收申请报告时，工程应具备的条件有（　　）。

A.已按合同约定的内容和份数备齐了符合要求的竣工资料

B.除监理人同意列入缺陷责任期内完成的尾工工程外，合同范围内的全部单位工程以及有关工作均已完成

C.已按监理人要求编制了在缺陷责任期内完成的甩项工程和缺陷修补工作清单及相应施工计划

D.工程项目的试运行完成并形成完整的资料清单

E.已按监理人要求提交的竣工验收资料清单

【答案】ABCE

【解析】当工程具备以下条件时，承包人即可向监理人报送竣工验收申请报告：①除监理人同意列入缺陷责任期内完成的尾工（甩项）工程外，合同范围内的全部单位工程以及有关工作均已完成；②已按合同约定的内容和份数备齐了符合要求的竣工资料；③已按监理人的要求编制了在缺陷责任期内完成的尾工（甩项）工程和缺陷修补工作清单以及相应施工计划；④监理人要求在竣工验收前应完成的其他工作；⑤监理人要求提交的竣工验收资料清单。

考点34　施工合同履行管理——不可抗力★★★

1.根据《标准施工招标文件》中通用合同条款的规定，因不可抗力导致工期延长，监理人按发包人要求指示承包人采取赶工措施发生的合理赶工费用应由（　　）承担。

A.发包人　　　　　　　　　　　　B.承包人

C.发包人和监理人共同　　　　　　D.参与验收的各方共同

【答案】A

【解析】不能按期竣工的，应合理延长工期，承包人不需支付逾期竣工违约金。发包人要求赶工的，承包人应采取赶工措施，赶工费用由发包人承担。

2.根据《标准施工招标文件》，由于不可抗力导致的下列损失，由发包人承担的有（　　）。

A.发包人现场人员的伤亡　　　　　B.承包人窝工的损失

C.发包人要求承包人赶工的费用　　D.监理人指示承包人清理场地的费用

E.承包人施工设备的损失

【答案】ACD

【解析】除专用合同条款另有约定外，不可抗力导致的人员伤亡、财产损失、费用增加和（或）工期延

误等后果，由合同双方按以下原则承担：①永久工程，包括已运至施工场地的材料和工程设备的损害，以及因工程损害造成的第三者人员伤亡和财产损失由发包人承担；②承包人设备的损坏由承包人承担；③发包人和承包人各自承担其人员伤亡和其他财产损失及其相关费用；④承包人的停工损失由承包人承担，但停工期间应监理人要求照管工程和清理、修复工程的金额由发包人承担；⑤不能按期竣工的，应合理延长工期，承包人不需支付逾期竣工违约金。发包人要求赶工的，承包人应采取赶工措施，赶工费用由发包人承担。

3.下列由于不可抗力引起的损失中，由承包人承担的是（　　）。

A.运至施工场地用于施工的材料的损害　　B.因工程损害导致第三方人员伤亡和财产损失

C.工程所需清理、修复的费用　　D.承包人的施工机械设备损坏

【答案】D

【解析】不可抗力导致的人员伤亡、财产损失、费用增加和（或）工期延误等责任承担中，承包人施工设备的损坏由承包人承担。发包人和承包人各自承担其人员伤亡和其他财产损失及其相关费用。

4.某工程在施工过程中，因不可抗力造成下列损失：在建工程损失26.00万元，施工机具损坏损失12.00万元，工程清理修复费用3.50万元。承包人及时向项目监理机构提出了索赔申请，项目监理机构应批准的补偿金额为（　　）万元。

A.15.50　　　　B.29.50　　　　C.38.00　　　　D.41.50

【答案】B

【解析】永久工程，包括已运至施工场地的材料和工程设备的损害，以及因工程损害造成的第三者人员伤亡和财产损失由发包人承担。在建工程损失26.00万元应由发包人承担，停工期间应监理人要求照管工程和清理、修复工程的金额由发包人承担，工程清理修复费用3.50万元应由发包人承担，所以批准的补偿金额应为26.00+3.50=29.50（万元）。

考点35　施工合同履行管理——索赔管理★★★

1.根据《标准施工招标文件》，关于承包人索赔程序的说法，正确的有（　　）。

A.应在索赔事件发生后28天内，向监理人递交索赔意向通知书

B.应在发出索赔意向通知书28天内，向监理人正式递交索赔通知书

C.索赔事件具有连续影响的，应按合理时间间隔继续递交延续索赔通知

D.有连续影响的，应在递交延续索赔通知书28天内与发包人谈判确定当期索赔的额度

E.有连续影响的，应在索赔事件影响结束后的28天内，向监理人递交最终索赔通知书

【答案】ABCE

【解析】承包人应在知道或应当知道索赔事件发生后28天内，向监理人递交索赔意向通知书，并说明发生索赔事件的事由，A选项正确。承包人应在发出索赔意向通知书后28天内，向监理人正式递交索赔通知书，B选项正确。索赔事件具有连续影响的，承包人应按合理时间间隔继续递交延续索赔通知，C选项正确。在

索赔事件影响结束后的28天内，承包人应向监理人递交最终索赔通知书，E选项正确。

2.监理人在收到承包人索赔通知书或有关索赔的进一步证明资料后的（　　）天内，将索赔处理结果答复给承包人。

A.28　　　　　　　　B.14　　　　　　　　C.42　　　　　　　　D.56

【答案】C

【解析】监理人在收到索赔通知书或有关索赔的进一步证明材料后的42天内，将索赔处理结果答复承包人。

3.工程施工中承包人有权得到费用和工期补偿，但无利润补偿的情形是（　　）。

A.发包人提供图纸延误

B.施工中遇到古迹

C.监理人对已批准覆盖的隐蔽工程重新检验质量合格

D.发包人增加合同工作

【答案】B

【解析】发包人提供图纸延误可以获得工期、费用和利润的补偿，A选项不当选。施工中遇到古迹可以获得工期和费用的补偿，B选项当选。监理人对已批准覆盖的隐蔽工程重新检验质量合格可以获得工期、费用和利润的补偿，C选项不当选。发包人增加合同工作可以获得工期、费用和利润的补偿，D选项不当选。

4.根据《标准施工招标文件》，承包人可同时索赔工期和费用的情形有（　　）。

A.基准日后法律变化引起的价格调整　　　　B.承包人遇到不利物质条件，监理人未发出指示

C.施工场地发掘文物、古迹　　　　　　　　D.采取合同未约定的安全作业环境及安全施工措施

E.承包人遇到异常恶劣的气候条件

【答案】BC

【解析】根据《标准施工招标文件》，承包人可同时索赔工期和费用的情形：①承包人遇不利物质条件，监理人未发出指示；②施工场地发掘文物、古迹以及其他遗迹、化石、钱币或物品。A、D选项只能索赔费用，E选项只能索赔工期。

考点36　施工合同纠纷审理相关规定★★★

1.当事人对建设工程开工日期有争议的，人民法院认定开工日期的正确依据有（　　）。

A.开工日期为发包人或者监理人发出的开工通知载明的开工日期

B.开工通知发出后，尚不具备开工条件的，以开工条件具备的时间为开工日期

C.因发包人原因导致开工时间推迟的，以开工通知载明的时间为开工日期

D.承包人经发包人同意已经实际进场施工的，以实际进场施工时间为开工日期

E.承包人未经发包人同意提前进场施工的，以实际进场施工时间为开工日期

【答案】ABD

【解析】当事人对建设工程开工日期有争议的，人民法院应当分别按照以下情形予以认定：①开工日期为发包人或者监理人发出的开工通知载明的开工日期。开工通知发出后，尚不具备开工条件的，以开工条件具备的时间为开工日期；因承包人原因导致开工时间推迟的，以开工通知载明的时间为开工日期。②承包人经发包人同意已经实际进场施工的，以实际进场施工时间为开工日期。③发包人或者监理人未发出开工通知，亦无相关证据证明实际开工日期的，应当综合考虑开工报告、合同、施工许可证、竣工验收报告或者竣工验收备案表等载明的时间，并结合是否具备开工条件的事实，认定开工日期。

2.某工程项目在某年7月15日已具备开工条件，监理人于7月16日发出开工通知，载明开工日期为7月18日；承包人由于自身工作安排冲突，实际于7月20日进场施工。该工程的开工日期应为（　　）。

　　A.7月15日　　　　B.7月16日　　　　C.7月18日　　　　D.7月20日

【答案】C

【解析】开工日期为发包人或者监理人发出的开工通知载明的开工日期。开工通知发出后，尚不具备开工条件的，以开工条件具备的时间为开工日期；因承包人原因导致开工时间推迟的，以开工通知载明的时间为开工日期。

3.对于建设工程未经验收，而发包人擅自使用的，该工程竣工日期为（　　）。

　　A.提交验收报告之日　　　　　　B.建设工程完工之日
　　C.转移占有建设工程之日　　　　D.竣工验收合格之日

【答案】C

【解析】当事人对建设工程实际竣工日期有争议的，人民法院应当按照以下情形予以认定：①建设工程经竣工验收合格的，以竣工验收合格之日为竣工日期；②承包人已经提交竣工验收报告，发包人拖延验收的，以承包人提交验收报告之日为竣工日期；③建设工程未经竣工验收，发包人擅自使用的，以转移占有建设工程之日为竣工日期。

考点37　工程总承包合同管理★★

1.根据《标准设计施工总承包招标文件》中的"合同条款及格式"，下列文件中属于设计施工总承包合同组成文件的是（　　）。

　　A.工程量清单　　　B.发包人要求　　　C.单位分析表　　　D.发包人建议

【答案】B

【解析】设计施工总承包合同文件包括：①合同协议书；②中标通知书；③投标函及投标函附录；④专用合同条款；⑤通用合同条款；⑥发包人要求；⑦承包人建议书；⑧价格清单；⑨其他合同文件。

2.《设计施工总承包合同》中的"价格清单"是指（　　）。

　　A.承包人按照发包人提出的工程量清单而计算的报价单
　　B.承包人按发包人的设计图纸概算量，填入单价后计算的合同价格

C.承包人按其提出的投标方案计算的设计、施工、竣工、试运行、缺陷责任期各阶段的计划费用

D.承包人向发包人的投标报价

【答案】C

【解析】价格清单是指承包人完成所提投标方案计算的设计、施工、竣工、试运行、缺陷责任期各阶段的计划费用，清单价格费用的总和为签约合同价。

3.根据《标准设计施工总承包招标文件》，组成合同的文件有：①发包人要求；②价格清单；③通用合同条款。仅就上述合同文件而言，正确的优先解释顺序是（　　）。

A.①→②→③ B.③→②→① C.③→①→② D.②→③→①

【答案】C

【解析】组成设计施工总承包合同的各项文件应互相解释，互为说明。除专用合同条款另有约定外，解释合同文件的优先顺序如下：①合同协议书；②中标通知书；③投标函及投标函附录；④专用合同条款；⑤通用合同条款；⑥发包人要求；⑦承包人建议书；⑧价格清单；⑨其他合同文件。

4.根据《标准设计施工总承包招标文件》，承包人文件中最主要的文件是（　　）。

A.设计文件　　B.施工组织设计　　C.价格清单　　D.承包人建议书

【答案】A

【解析】根据《标准设计施工总承包招标文件》，承包人文件中最主要的是设计文件，需在专用合同条款中约定承包人向监理人陆续提供文件的内容、数量和时间。

5.根据《标准设计施工总承包招标文件》中通用合同条款的规定，可以由当事人在两种可供选择的条款中进行选择的情形有（　　）。

A.发包人是否提供竣工后试验所必需的燃料和材料

B.计日工和暂估价是否包括在合同价格中

C.办理取得出入施工场地的道路通行权

D.发包人要求中的错误导致承包人受到损失

E.发包人是否提供施工设备和临时工程

【答案】BCDE

【解析】竣工后试验所必需的电力、设备、燃料、仪器、劳力、材料等由发包人提供，A选项错误。承包人在投标阶段价格清单中给出的计日工和暂估价的报价均属于暂列金额。通用合同条款给出两种选用的条款：一种是计日工和暂估价均已包括在合同价格内，实施过程中不再另行考虑；另一种是实际发生的费用另行补偿，B选项正确。通用合同条款对道路通行权和场外设施做出了两种可选用的约定形式：一种是发包人负责办理取得并承担有关费用；另一种是承包人负责办理并承担费用，C选项正确。对于发包人要求中的错误导致承包人受到损失的后果责任，通用条款给出了两种供选择的条款，即无条件补偿条款和有条件补偿条款，D选项正确。发包人是否负责提供施工设备和临时工程，在通用条款中也给出两种不同的供选择条款：一种是发包人不提供施工设备或临时设施；另一种是发包人提供部分施工设备或临时设施，E选项正确。

考点38　专业分包合同管理★★★

1.根据《建设工程施工专业分包合同（示范文本）》（GF—2003—0213），以下关于发包人、承包人和分包人关系的说法中正确的是（　　）。

A.发包人向分包人提供具备施工条件的施工场地

B.分包人可直接致电发包人或工程师

C.就分包范围内的有关工作，承包人随时可以向分包人发出指令

D.分包合同价款与总承包合同相应部分价款存在连带关系

【答案】C

【解析】根据《建设工程施工专业分包合同（示范文本）》（GF—2003—0213），承包人向分包人提供与分包工程相关的各种证件、批件和各种相关资料，向分包人提供具备施工条件的施工场地。未经承包人允许，分包人不得以任何理由与发包人或工程师发生直接工作联系，分包人不得直接致函工程师或发包人，也不得直接接受发包人或工程师的指令。分包合同价款与总包合同相应部分价款无任何连带关系。

2.根据《建设工程施工专业分包合同（示范文本）》（GF—2003—0213），以下工作中属于承包人（总承包单位）责任和义务的有（　　）。

A.提供总包合同相关内容供分包人查阅　　B.向分包人提供具备施工条件的施工场地

C.组织分包人参加由发包人组织的图纸会审　　D.要求分包人及时提供分包工程进度统计报表

E.为分包人所分包的工作提供详细施工组织设计

【答案】ABC

【解析】根据《建设工程施工专业分包合同（示范文本）》（GF—2003—0213），在合同约定的时间内，分包人向承包人提供年、季、月度工程进度计划及相应进度统计报表，D选项错误。在合同约定的时间内，向承包人提交详细施工组织设计，承包人应在专用条款约定的时间内批准，分包人方可执行，E选项错误。

3.根据《建设工程施工专业分包合同（示范文本）》（GF—2003—0213），以下属于分包人工作的有（　　）。

A.按照分包合同的约定，对分包工程进行设计、施工、竣工和保修

B.允许发包人在工作时间内，合理进入分包工程施工场地

C.在合同约定的时间内，向承包人提交详细施工组织设计

D.按照合同约定的时间，完成规定的设计内容，并承担由此发生的费用

E.已竣工工程未交付承包人之前，负责已完分包工程的成品保护工作

【答案】ABCE

【解析】根据《建设工程施工专业分包合同（示范文本）》（GF—2003—0213），分包人应完成的工作：

①按照分包合同的约定，对分包工程进行设计（分包合同有约定时）、施工、竣工和保修。

②按照合同专用条款约定的时间，完成规定的设计内容，报承包人确认后在分包工程中使用。承包人承担由此发生的费用。

③向承包人提交一份详细施工组织设计，承包人应在专用条款约定的时间内批准，分包人方可执行。分包人不能按承包人批准的进度计划施工的，应根据承包人的要求提交一份修订的进度计划，以保证分包工程如期竣工。

④分包人应允许承包人、发包人、项目监理机构及其三方中任何一方授权的人员在工作时间内，合理进入分包工程施工场地或材料存放的地点，以及施工场地以外与分包合同有关的分包人的任何工作或准备的地点，分包人应提供方便。

⑤已竣工工程未交付承包人之前，分包人应负责已完分包工程的成品保护工作保护期间发生损坏，分包人自费予以修复；承包人要求分包人采取特殊措施保护的工程部位和相应的追加合同价款，双方在合同专用条款内约定。

4.根据《建设工程施工专业分包合同（示范文本）》（GF—2003—0213），以下关于专业工程分包人责任和义务的说法中正确的是（　　）。

A.分包人应允许发包人授权的人员在工作时间内合理进入分包工程施工场地

B.分包人必须服从发包人直接发出的指令

C.已竣工交付给承包人的分包工程，发生损坏的分包人自费修复

D.分包人可以直接与发包人或工程师发生直接工作联系

【答案】A

【解析】未经承包人允许，分包人不得以任何理由与发包人或工程师发生直接工作联系，分包人不得直接致函发包人或工程师，也不得直接接受发包人或工程师的指令。如分包人与发包人或工程师发生直接工作联系，将视为违约并承担违约责任，B、D选项错误。已竣工工程未交付承包人之前，分包人应负责已完分包工程的成品保护工作，保护期间发生损坏，分包人自费予以修复，C选项错误。

考点39　劳务分包合同管理★★

1.根据《建设工程施工劳务分包合同（示范文本）》（GF—2003—0214），劳务分包项目的施工组织设计应由（　　）负责编制。

A.承包人　　　　B.发包人　　　　C.监理人　　　　D.劳务分包人

【答案】A

【解析】根据《建设工程施工劳务分包合同（示范文本）》（GF—2003—0214），承包人负责编制施工组织设计，统一制定各项管理目标，组织编制年、季、月施工计划、物资需用量计划表，实施对工程质量、工期、安全生产、文明施工、计量检测、试验化验的控制、监督、检查和验收。

2.根据《建设工程施工劳务分包合同（示范文本）》（GF—2003—0214），以下合同规定的相关义务中属于劳务分包人义务的是（　　）。

A.组建项目管理班子

B.负责编制施工组织设计

C.负责工程测量定位和沉降观测

D.对劳务分包合同劳务分包范围内的工程质量向工程承包人负责

【答案】D

【解析】根据《建设工程施工劳务分包合同（示范文本）》(GF—2003—0214)，劳务分包人对劳务分包合同劳务分包范围内的工程质量向工程承包人负责。A、B、C选项均属于工程承包人的主要义务。

3.根据《建设工程施工劳务分包合同（示范文本）》(GF—2003—0214)，运至施工场地用于劳务施工的待安装设备，由（　　）负责办理或获得保险。

A.发包人　　　　B.工程承包人　　　　C.劳务分包人　　　　D.设备生产厂

【答案】B

【解析】根据《建设工程施工劳务分包合同（示范文本）》(GF—2003—0214)，运至施工场地用于劳务施工的材料和待安装设备，由工程承包人办理或获得保险，且不需劳务分包人支付保险费用。

4.某建设工程发包人与乙公司签订了工程承包合同，乙公司又与劳务分包人丙公司签订了劳务分包合同。关于丙公司应承担义务的说法，正确的有（　　）。

A.应就工期和质量向发包人负责

B.应服从乙公司转发的发包人指令

C.应自觉接受乙公司及有关部门的管理、监督和检查

D.应与发包人及有关部门建立工作联系

E.应负责技术档案资料的收集整理

【答案】BC

【解析】分包人须服从承包人转发的发包人或工程师与分包工程有关的指令。未经承包人允许，分包人不得以任何理由与发包人或工程师发生直接工作联系，分包人不得直接致函发包人或工程师，也不得直接接受发包人或工程师的指令。如果分包人与发包人或工程师发生直接工作联系，将被视为违约，并承担违约责任。E选项是承包人的工作，劳务分包人不进行技术资料整理工作。

考点40　材料采购合同管理★★★

1.根据《标准材料采购招标文件》中通用合同条款的规定，材料采购应支付的合同价款包括（　　）。

A.预付款　　　　B.交货款　　　　C.进度款　　　　D.验收款

E.结清款

【答案】ACE

【解析】根据《标准材料采购招标文件》中的通用合同条款，除专用合同条款另有约定外，买方应向卖方支付的合同价款包括：预付款、进度款、结清款。

2.根据《标准材料采购招标文件》，全部合同材料质量保证期届满后，买方应在规定时间内向卖方支付合同价格（　　）的结清款。

A.10%　　　　　　　B.5%　　　　　　　C.3%　　　　　　　D.2%

【答案】B

【解析】根据《标准材料采购招标文件》，全部合同材料质量保证期届满后，买方在收到卖方提交的由买方签署的质量保证期届满证书并经审核无误后28日内，向卖方支付合同价格5%的结清款。

3.建设工程材料采购合同履行中，关于材料交付法律意义的说法，正确的是（　　）。

A.交付导致材料所有权发生转移　　　　　　B.交付完成，采购合同终止

C.材料交付时间即合同生效时间　　　　　　D.交付后材料灭失的风险由供货人承担

【答案】A

【解析】合同材料的所有权和风险自交付时起由卖方转移至买方，合同材料交付给买方之前包括运输在内的所有风险均由卖方承担，A选项正确。合同材料交付后，买方应在专用合同条款约定的期限内安排对合同材料进行检验。合同材料的质量保证期自合同材料验收之日起算，B选项错误。产品交付的法律意义是，一般情况下，交付导致采购材料的所有权发生转移。如果材料在订立合同之前已为买受人占有的，合同生效的时间为交付时间，C选项错误。与所有权转移相对应，标的物毁损、灭失的风险，在标的物交付之前由出卖人承担，交付之后由买受人承担，但法律另有规定或者当事人另有约定的除外，D选项错误。

4.建设工程材料采购合同履行中，买方应在检验日期（　　）前将检验的时间和地点通知卖方，卖方应自负费用派遣代表参加检验。

A.3日　　　　　　　B.7日　　　　　　　C.14日　　　　　　　D.28日

【答案】A

【解析】建设工程材料采购合同履行中，买方应在检验日期3日前将检验的时间和地点通知卖方，卖方应自负费用派遣代表参加检验。

5.合同约定的材料经验收合格，买卖双方应签署的文件是（　　）。

A.质量合格证　　　B.进度款支付证　　　C.验收证书　　　D.验收款支付证

【答案】C

【解析】合同材料经检验合格，买卖双方应签署合同材料验收证书一式二份，双方各持一份。

考点41　设备采购合同管理★★★

1.根据《标准设备采购招标文件》，除专用合同条款另有约定外，卖方按合同约定交付全部合同设备后，买方应向卖方支付合同价格的（　　）作为交货款。

A.40%　　　　　　　B.50%　　　　　　　C.60%　　　　　　　D.70%

【答案】C

【解析】根据《标准设备采购招标文件》，卖方按合同约定交付全部合同设备后，买方在收到卖方提交相关全部单据并经审核无误后28日内，向卖方支付合同价格的60%。

2.根据《标准设备采购招标文件》中通用合同条款的规定，除专用合同条款另有约定外，买方应向卖方支付合同价格的（　　）作为验收款。

A.25%　　　　　　　B.30%　　　　　　　C.40%　　　　　　　D.60%

【答案】A

【解析】根据《标准设备采购招标文件》中通用合同条款的规定，验收款指买方在收到卖方提交的买卖双方签署的合同设备验收证书或已生效的验收款支付函正本一份并经审核无误后28日内，向卖方支付合同价格的25%。

3.根据《标准设备采购招标文件》中通用合同条款的规定，设备采购合同履行过程中卖方未能按时交付合同设备的，应向买方支付迟延交付违约金。除专用合同条款另有约定外，迟延交付违约金的计算方法包括（　　）。

A.迟交两周的，每周迟延交付违约金为迟交合同设备价格的0.5%

B.迟交三周的，每周迟延交付违约金为迟交合同设备价格的0.5%

C.迟交四周的，每周迟延交付违约金为迟交合同设备价格的1%

D.迟交六周的，每周迟延交付违约金为迟交合同设备价格的1.5%

E.迟交八周的，每周迟延交付违约金为迟交合同设备价格的2%

【答案】AB

【解析】根据《标准设备采购招标文件》中的通用合同条款，迟延交付违约金的计算方法如下：①从迟交的第一周到第四周，每周迟延交付违约金为迟交合同设备价格的0.5%。②从迟交的第五周到第八周，每周迟延交付违约金为迟交合同设备价格的1%。③从迟交第九周起，每周迟延交付违约金为迟交合同设备价格的1.5%。

考点42　工程承包风险管理★★★

1.下列选项中属于工程承包外部环境风险的有（　　）。

A.市场风险　　　　　　　　　　　　B.工程款支付及结算风险

C.政策风险　　　　　　　　　　　　D.工程分包风险

E.社会风险

【答案】ACE

【解析】工程承包风险可从项目本身和外部环境两方面考虑。项目本身的风险主要有组织管理风险、进度延误风险、质量安全风险、工程分包风险、工程款支付及结算风险等；项目外部环境风险主要有市场风险、政策风险、社会风险、自然环境风险等。B、D选项属于项目本身的风险。

2.根据《建设工程项目管理规范》，项目风险管理的程序是（　　）。

A.风险识别、风险分析、风险转移、风险应对

B.制订风险管理目标、确定风险范围、选择风险管理方法、明确风险管理责任

C.风险识别、风险评估、风险应对、风险监控

D.收集风险信息、确定风险因素、编制风险报告、进行风险监控

【答案】C

【解析】项目风险管理应包括下列程序：①风险识别；②风险评估；③风险应对；④风险监控。

3.属于建设工程风险识别方法的有（　　）。

A.损失控制法　　　　　　　　　　B.预防计划法

C.初始清单法　　　　　　　　　　D.专家调查法

E.财务报表法

【答案】CDE

【解析】建设工程风险识别的方法有：专家调查法、财务报表法、初始清单法、流程图法、统计资料法等方法。

4.关于风险等级可接受性评定的说法中正确的是（　　）。

A.风险等级为大的风险因素是不希望有的风险　　B.风险等级为中的风险因素是不可接受的风险

C.风险等级为小的风险因素是不可接受的风险　　D.风险等级为很小的风险因素是可忽略的风险

【答案】D

【解析】风险等级为大、很大的风险因素表示风险重要性较高，是不可接受的风险，需要给予重点关注；风险等级为中等的风险因素是不希望有的风险；风险等级为小的风险因素是可接受的风险；风险等级为很小的风险因素是可忽略的风险。

5.某投标人中标后发现其报价有较大失误，因此拒绝与业主签订施工合同。其采取的风险应对策略属于（　　）。

A.风险减轻　　　　B.风险自留　　　　C.风险转移　　　　D.风险规避

【答案】D

【解析】风险应对策略包括：风险规避、风险减轻、风险转移及风险自留。不与业主签订合同就会避免风险的发生，属于风险规避的应对策略。

考点43　工程担保★★★

1.某工程施工招标，合同估算价为3000万元，招标人要求提交的投标保证金额度应不超过（　　）万元。

A.60　　　　　　B.80　　　　　　C.350　　　　　　D.300

【答案】A

【解析】招标人在招标文件中要求投标人提交投标保证金的，投标保证金不得超过招标项目估算价的2%，因此其投标保证金额度不应超过3000×2%=60（万元）。投标保证金有效期应与投标有效期一致。

2.根据《招标投标法实施条例》，建设工程项目招标结束后，招标人退还投标保证金的时限在（　　）。

A.与中标人签订书面合同后的15日内　　　B.与中标人签订书面合同后的5日内

C.招投标结束后的30日内　　　　　　　　D.招投标结束后的15日内

【答案】B

【解析】根据《招标投标法实施条例》，招标人最迟应在书面合同签订后5日内向中标人和未中标的投标人退还投标保证金及银行同期存款利息。

3.下列担保中，担保金额在担保有效期内逐步减少的是（　　）。

A.预付款担保　　　B.投标担保　　　C.履约担保　　　D.支付担保

【答案】A

【解析】预付款保函的担保金额应与预付款金额相同。预付款一般逐月从工程付款中扣除，预付款担保的担保金额可根据预付款扣回的金额相应递减。

4.我国工程担保中，履约担保可以采用（　　）的形式。

A.企业相互担保　　　　　　　B.履约担保书

C.履约保证金　　　　　　　　D.银行保函

E.企业交叉担保

【答案】BCD

【解析】履约担保是指中标人在签订合同前向招标人提交的保证履行合同义务和责任的担保。联合体中标的，应由联合体牵头人提交履约担保。履约担保形式有银行履约保函、履约担保书、履约保证金等。

5.某公共设施项目依法通过公开招标方式选择施工承包单位，中标合同价为800万元。根据相关法规，发包人要求中标人提交的履约保证金不应超过（　　）万元。

A.16　　　B.24　　　C.80　　　D.40

【答案】C

【解析】招标文件要求中标人提交履约保证金的，中标人应当按照招标文件的要求提交。履约保证金不得超过中标合同金额的10%。所以，本题的履约保证金不应超过800×10%=80（万元）。

考点44　工程保险★★★

1.在下列工程保险的险种中，以工程发包人和承包人双方名义共同投保的是（　　）。

A.建筑工程一切险　　　　　　B.工伤保险

C.人身意外伤害险　　　　　　D.执业责任险

【答案】A

【解析】《标准施工招标文件》中的通用条款规定，承包人应以发包人和承包人的共同名义向双方同意的保险人投保建筑工程一切险、安装工程一切险。具体投保内容、保险金额、保险费率、保险期限等有关内容在专用合同条款中约定。

2.建筑工程一切险保险人承担损害赔偿义务的期限为（　　）。

A.投保工程动工之日起直至工程验收之日止

B.投保工程动工之日起直至工程保修期满之日止

C.投保工程动工之日起直至工程所有人实际占用全部工程之日止

D.投保工程动工之日起直至工程所有人使用全部工程之日止

【答案】A

【解析】建筑工程一切险采用的是工期保险单，即保险期限是从投保工程动工之日起直至工程验收之日止。具体时间由投保人与保险人协商确定。

3.在以下造成损失的事件中，依据建筑工程一切险的规定，应由保险人支付损失赔偿金的有（　　）。

A.地震造成的工程损坏
B.水灾的淹没损失

C.气温变化导致的材料变质
D.施工机具的自然磨损

E.非外力引起的机械本身损坏

【答案】AB

【解析】建筑工程一切险是以建设工程为标的，对建设工程整个施工期间工程本身、施工机具和工地设备因自然灾害或意外事故造成的物质损失给予赔偿的保险。物质损失部分的保险责任主要有保险单中列明的各种自然灾害和意外事故，如洪水、风暴、水灾、暴雨、地陷、冰雹、雷电、火灾、爆炸等多项，同时还承保盗窃、工人或技术人员过失等人为风险，以及原材料缺陷或工艺不善引起的事故。C、D、E选项均属于建筑工程一切险的除外责任。

4.安装工程一切险通常以（　　）为保险期限。

A.从投保工程动工之日起直至工程验收之日止
B.设备生产至安装完成期间

C.工程全寿命期
D.施工安全合同有效期

【答案】A

【解析】安装工程一切险采用的是工期保险单，即保险期限是从投保工程动工之日起直至工程验收之日止。具体时间由投保人与保险人协商确定。

5.建设工程一切险的被保险人可以包括（　　）。

A.发包人
B.总承包人

C.分包人
D.发包人聘用的监理人员

E.承包人的子公司

【答案】ABCD

【解析】被保险人包括发包人、总承包人、分包人、发包人聘用的监理人员、与工程有密切关系的单位或个人（如贷款银行）等。

专题四 进度管理

导图框架

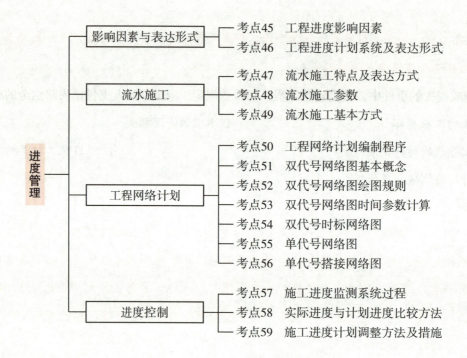

专题雷达图

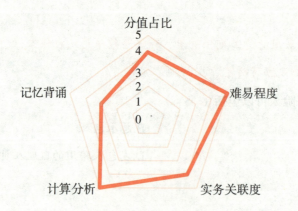

分值占比：本专题在管理考试中的分值占比较高，预估分值为20分。

难易程度：本专题的内容在"管理"科目中属于难度系数最高的一部分。其中，流水施工工期的计算、网络进度计划的时间参数计算等内容都需要明确具体的计算原理，并要求能够熟练地动手计算。

实务关联度：本专题与"实务"科目的关联度较高，且案例题目需要考生具备基础的进度计划计算能力。

计算分析：本专题中的计算题考查10分左右。

记忆背诵：本专题中需着重记忆部分占比不高，关键在需要理解并进行练习。

考点练习

考点45 工程进度影响因素 ★★★

1.在工程建设过程中，不属于工程设计进度影响因素的是（　　）。

A.业主建设意图及要求的改变　　B.建设单位使用要求改变而进行设计变更

C.设计各专业之间的协调配合　　D.设计文件审查批准延误

【答案】B

【解析】工程设计进度影响因素：①业主建设意图及要求的改变；②设计各专业之间的协调配合；③设计文件审查批准延误。B选项，建设单位使用要求改变而进行设计变更属于影响施工实际进度的建设单位的原因。

2.在工程建设过程中，属于影响施工进度因素中的建设单位原因的是（　　）。

A.材料供应时间不能满足需要　　B.不能及时提供施工场地条件

C.不明的水文气象条件　　　　　D.计划安排不周密、组织协调不力

【答案】B

【解析】建设单位原因：使用要求改变而进行设计变更；应提供的施工场地条件不能及时提供或所提供的场地不能满足正常施工需要；建设资金不到位，不能及时向施工单位支付工程款等。材料供应时间不能满足需要属于材料、设备供应单位原因，A选项错误。不明的水文气象条件属于自然条件原因，C选项错误。计划安排不周密、组织协调不力属于组织管理因素，D选项错误。

3.影响工程施工进度的因素中，属于监理单位原因的有（　　）。

A.已完工程质量检查验收不及时　　B.进场材料、设备质量检查不及时

C.组织协调不力　　　　　　　　　D.工程监理指令有误

E.不能及时向施工单位支付工程款

【答案】ABD

【解析】监理单位原因：工程监理指令延迟发布或有误，施工进度协调工作不力，进场材料、设备质量检查或已完工程质量检查验收不及时等。组织协调不力属于施工单位的组织管理因素，C选项错误。不能及时向施工单位支付工程款属于建设单位原因，E选项错误。

4.其他单位临近工程对施工的干扰属于影响工程施工进度因素中的（　　）。

A.协作部门原因　　B.社会环境因素　　C.自然条件影响　　D.组织管理因素

【答案】B

【解析】社会环境因素：其他单位临近工程的施工干扰；节假日交通、市容整顿限制；临时停水、停电、断路；以及在国外因法律及制度变化，出现的经济制裁，战争、骚乱、罢工、企业倒闭，汇率浮动和通货膨胀等。

5.下列影响建设工程施工进度的不利因素中，属于施工技术因素的有（　　）。

A.不成熟的技术应用　　　　　　　　B.施工方案、施工工艺不当

C.组织协调不力，导致停工待料　　　D.施工设备不配套、选型失当或有故障

E.施工安全措施不当

【答案】ABDE

【解析】施工技术因素：施工方案、施工工艺或施工安全措施不当；特殊材料及新材料的不合理使用；施工设备不配套、选型失当或有故障；不成熟的技术应用等。"组织协调不力，导致停工待料"属于组织管理因素，C选项错误。

6.在建设工程实施过程中，下列属于影响工程施工进度因素中的组织管理因素的是（　　）。

A.临时停水、停电　　　　　　　　　B.合同签订时遗漏条款或表达失当

C.未考虑设计在施工中实现的可能性　D.施工设备不配套、选型失当

【答案】B

【解析】组织管理因素：向有关部门提出各种申请审批手续的延误；合同签订时遗漏条款、表达失当；计划安排不周密，组织协调不力，导致停工待料、相关作业脱节；指挥不力，使各专业、各施工过程之间交接配合不顺畅。临时停水、停电属于社会环境因素，A选项错误。未考虑设计在施工中实现的可能性属于勘察设计单位因素，C选项错误。施工设备不配套、选型失当属于材料、设备供应单位因素，D选项错误。

考点46　工程进度计划系统及表达形式 ★★

1.在工程进度计划系统中，建设单位计划系统包括（　　）。

A.工程项目前期工作计划　　　　　　B.工程项目建设总进度计划

C.单位工程施工进度计划　　　　　　D.工程项目年度计划

E.施工总进度计划

【答案】ABD

【解析】建设单位计划系统包括工程项目前期工作计划、工程项目建设总进度计划和工程项目年度计划。单位工程施工进度计划、施工总进度计划属于施工单位计划系统按项目组成编制的施工进度计划，C、E选项错误。

2.施工单位进度计划系统按项目组成编制的施工进度计划包括（　　）。

A.年度施工计划　　　　　　　　　　B.分部分项工程进度计划

C.季度施工计划　　　　　　　　　　D.单位工程施工进度计划

E.施工总进度计划

【答案】BDE

【解析】施工单位进度计划系统按项目组成编制的施工进度计划包括施工总进度计划、单位工程施工进度计划及分部分项工程进度计划。年度施工计划、季度施工计划属于施工单位进度计划系统按时间进展阶段编制的施工进度计划，A、C选项错误。

3.施工单位进度计划系统可以按（　　）进行编制。

A.时间进展阶段　　　　　　　　　　B.项目组成

C.施工顺序　　　　　　　　　　　　D.施工方案

E.专业类别

【答案】AB

【解析】施工单位进度计划系统的编制方式：①按项目组成编制的施工进度计划。②按时间进展阶段编制的施工进度计划。

4.某项目基础施工的横道图如下所示，其第三周的施工人数为（　　）人。

工作	工期（周）	施工人数（人）	时间			
			第一周	第二周	第三周	第四周
工作1	1	5	━━━			
工作2	2	6		━━━━━━	
工作3	2	16			━━━━━━
工作4	1	10				━━━

A.22　　　　　　　　B.12　　　　　　　　C.18　　　　　　　　D.24

【答案】A

【解析】横道图显示第三周同时施工的是工作2和工作3，共需要6+16=22（人）。

5.利用横道图表示工程进度计划的主要特点是（　　）。

A.能够反映工作所具有的机动时间　　　B.能够明确表达各项工作之间的逻辑关系

C.形象直观，易于编制和理解　　　　　D.能方便地利用计算机进行计算和优化

【答案】C

【解析】横道图也称甘特图。由于其形象、直观，且易于编制和理解，因此长期以来被广泛应用于工程进度管理。缺点：①不能明确反映各项工作之间的相互联系、相互制约关系；②不能反映影响工期的关键工作和关键线路；③不能反映工作所具有的机动时间（时差）；④不能反映工程费用与工期之间的关系，因此不便于施工进度计划的优化，无法利用计算机来进行计算分析。A、B、D选项均属于网络图的特点。

6.与横道计划相比，工程网络计划的优点有（　　）。

A.能够明确表达各项工作的开始和完成时间

B.能够利用项目管理软件进行计算、优化和调整

C.能够反映影响工期的关键工作和关键线路

D.能够反映各项工作所具有的机动时间

E.能够直观表达工程所需的各种资源数量

【答案】BCD

【解析】与横道计划相比，工程网络计划具有的优点有：①能够明确表达各项工作之间的先后顺序关系（也即逻辑关系）；②能够通过时间参数计算，找出影响工期的关键工作和关键线路；③能够通过时间参数计算，确定各项工作的机动时间（也即时差）；④能够利用项目管理软件进行计算、优化和调整，实现对施工进度的动态控制。

考点47　流水施工特点及表达方式★★★

1.根据工程施工特点、工艺流程、资源利用、平面或空间布置等要求不同，工程施工组织方式通常有（　　）。

A.异节奏施工　　　　　　　　　　B.等节奏施工

C.依次施工　　　　　　　　　　　D.平行施工

E.流水施工

【答案】CDE

【解析】根据工程施工特点、工艺流程、资源利用、平面或空间布置等要求不同，工程施工组织方式通常有三种：依次施工、平行施工和流水施工。

2.建设工程采用依次施工方式组织施工的特点有（　　）。

A.没有充分利用工作面且工期较长　　B.劳动力及施工机具等资源得到均衡使用

C.按专业成立的工作队不能连续作业　　D.单位时间内投入的劳动力、机具和材料增加

E.施工现场的组织和管理比较复杂

【答案】AC

【解析】依次施工方式具有以下特点：①没有充分利用工作面进行施工，工期较长；②如果按专业组建

工作队，则各专业工作队不能连续作业，工作出现间歇，劳动力和施工机具等资源无法均衡使用；③如果由一个工作队完成全部施工任务，则不能实现专业化施工，不利于提高劳动生产率和工程质量；④单位时间内投入劳动力、施工机具等资源量较少，有利于资源供应的组织；⑤只有一个工作队进行施工作业，施工现场的组织管理比较简单。劳动力及施工机具等资源得到均衡使用属于流水施工的特点，B选项错误。单位时间内投入的劳动力、机具和材料增加，施工现场的组织和管理比较复杂属于平行施工的特点，D、E选项错误。

3.在有足够工作面和资源的前提下，施工工期最短的施工组织方式是（ ）。

A.依次施工　　　　B.搭接施工　　　　C.平行施工　　　　D.流水施工

【答案】C

【解析】平行施工方式：充分利用工作面进行施工，工期短。依次施工方式：没有充分地利用工作面进行施工，工期长。流水施工方式：尽可能地利用工作面进行施工，工期比较短。

4.建设工程采用平行施工组织方式的特点有（ ）。

A.不利于提高工程质量　　　　　　　　B.单位时间内投入的资源量较为均衡

C.不利于资源供应的组织　　　　　　　D.施工现场的组织管理比较简单

E.不利于提高劳动生产率

【答案】ACE

【解析】平行施工组织方式具有以下特点：①能够充分利用工作面进行施工，工期短；②如果每一施工对象均按专业组建工作队，则各专业工作队不能连续作业，工作出现间歇，劳动力和施工机具等资源无法均衡使用；③如果由一个工作队完成一个施工对象的全部施工任务，则不能实现专业化施工，不利于提高劳动生产率和工程质量；④单位时间内投入的劳动力、施工机具等资源成倍增加，不利于资源供应的组织；⑤有多个专业工作队在现场施工，施工现场组织管理比较复杂。单位时间内投入的资源量较为均衡，属于流水施工的特点，B选项错误。施工现场的组织管理比较简单，属于依次施工的特点，D选项错误。

5.建设工程采用流水施工组织方式的特点有（ ）。

A.能够尽可能利用工作面进行施工　　　　B.为施工现场的文明施工创造了有利条件

C.单位时间投入资源量最少　　　　　　　D.有利于提高劳动生产率

E.为施工现场的科学管理创造了有利条件

【答案】ABDE

【解析】流水施工组织方式具有以下特点：①尽可能利用工作面进行施工，工期较短。②各工作队实现专业化施工，有利于提高施工技术水平和劳动效率，也有利于提高工程质量。③专业工作队能够连续施工，同时使相邻专业工作队之间能够最大限度地进行搭接作业。④单位时间内投入的劳动力、施工机具等资源较为均衡，有利于资源供应的组织。⑤为施工现场的文明施工和科学管理创造了有利条件。单位时间投入资源量最少，属于依次施工的特点，C选项错误。

考点48　流水施工参数★★★

1.下列各类参数中属于流水施工参数的有（　　）。

　　A.工艺参数　　　　　　　　　　　　B.定额参数

　　C.空间参数　　　　　　　　　　　　D.时间参数

　　E.机械参数

【答案】ACD

【解析】组织流水施工需要通过确定一系列流水参数来实现。按其性质不同，流水施工参数可分为工艺参数、空间参数和时间参数。

2.建设工程组织流水施工时，用来表达流水施工在施工工艺方面状态的参数有（　　）。

　　A.流水节拍　　　　　　　　　　　　B.流水步距

　　C.间歇时间　　　　　　　　　　　　D.流水强度

　　E.施工过程

【答案】DE

【解析】工艺参数主要是指在组织流水施工时，用以表达流水施工在施工工艺方面进展状态的参数，通常包括施工过程和流水强度两个参数。

3.下列流水施工参数中属于空间参数的有（　　）。

　　A.施工工期　　　　　　　　　　　　B.施工段

　　C.工作面　　　　　　　　　　　　　D.施工强度

　　E.施工过程

【答案】BC

【解析】空间参数是指在组织流水施工时，用以表达流水施工在空间布置上开展状态的参数，空间参数通常包括工作面和施工段。

4.下列流水施工参数中属于时间参数的有（　　）。

　　A.流水节拍　　　　　　　　　　　　B.流水步距

　　C.流水强度　　　　　　　　　　　　D.施工过程

　　E.流水施工工期

【答案】ABE

【解析】时间参数是指在组织流水施工时，用以表达流水施工在时间安排上所处状态的参数，主要包括流水节拍、流水步距和流水施工工期等。

5.建设工程组织流水施工时，划分施工段的原则有（　　）。

　　A.每个施工段需要有足够工作面

　　B.施工段数要满足合理组织流水施工的要求

C.施工段界限要尽可能与结构界限相吻合

D.同一专业工作队在不同施工段的劳动量必须相等

E.施工段必须在同一平面内划分

【答案】ABC

【解析】为合理划分施工段，应遵循下列原则：①各施工段的劳动量应大致相等，相差幅度不宜超过15%，以保证施工在连续、均衡的条件下进行。②每个施工段要有足够的工作面，以保证相应数量的工人、主导施工机械的生产效率。③施工段的界限应尽可能与结构界限（如沉降缝、伸缩缝等）相吻合，或设在对建筑结构整体性影响小的部位，以保证建筑结构的整体性。④施工段数目要满足合理组织流水施工的要求。施工段数目过多，会降低施工速度，延长工期；施工段过少，不利于充分利用工作面，可能导致窝工。⑤对于多层建筑物、构筑物或需要分层施工的工程，应既分施工段，又分施工层，各专业工作队依次完成第一施工层中各施工段任务后，再转入第二施工层的施工段上作业，依此类推。以确保相应专业队在施工段与施工层之间，组织连续、均衡、有节奏地流水施工。

6.下列流水施工参数中，是指某一个专业工作队在一个施工段上的施工时间的参数是（　　）。

A.工作面　　　　B.流水强度　　　　C.流水节拍　　　　D.流水步距

【答案】C

【解析】工作面是指供某专业工种的工人或两种施工机械进行施工的空间，A选项错误。流水强度也称为流水能力或生产能力，是指流水施工的某施工过程（或专业工作队）在单位时间内所完成的工程量，B选项错误。活动空间流水节拍是指某一个专业工作队在一个施工段上的施工时间，C选项正确。流水步距是指组织流水施工时，相邻两个施工过程（或专业工作队）相继开始施工的最小间隔时间，D选项错误。

7.建设工程组织流水施工时，相邻两个专业工作队相继开始施工的最小间隔时间称为（　　）。

A.间歇时间　　　　B.流水步距　　　　C.流水节拍　　　　D.提前插入时间

【答案】B

【解析】间歇时间是指相邻两个施工过程之间由于工艺或组织安排需要而增加的额外等待时间，A选项错误。流水步距是指组织流水施工时，相邻两个施工过程（或专业工作队）相继开始施工的最小间隔时间，B选项正确。流水节拍是指在组织流水施工时，某个专业工作队在一个施工段上的施工时间，C选项错误。提前插入时间是指相邻两个专业工作队在同一施工段上共同作业的时间，D选项错误。

8.建设工程组织流水施工时，流水步距的大小取决于（　　）。

A.参加流水的施工过程数　　　　B.施工段的划分数量

C.施工段上的流水节拍　　　　D.参加流水施工的作业队数

E.流水施工的组织方式

【答案】CE

【解析】流水步距的大小取决于相邻两个专业工作队在各施工段上的流水节拍及流水施工的组织方式。

考点49 流水施工基本方式 ★★★

1.建设工程组织等节奏流水施工的特点有（　　）。

A.专业工作队数等于施工过程数　　　B.施工过程数等于施工段数

C.各施工段上的流水节拍相等　　　　D.有的施工段之间可能有空闲时间

E.相邻施工过程之间的流水步距相等

【答案】ACE

【解析】等节奏流水施工是一种最理想的流水施工方式，其特点如下：①所有施工过程在各个施工段上的流水节拍均相等；②相邻施工过程的流水步距相等，且等于流水节拍；③专业工作队数等于施工过程数，即每一个施工过程成立一个专业工作队，由该队完成相应施工过程所有施工段上的任务；④各个专业工作队在各施工段上能够连续作业，施工段之间没有空闲时间。

2.建设工程组织流水施工时，相邻专业工作队之间的流水步距相等，且施工段之间没有空闲时间的是（　　）。

A.非节奏流水施工和加快的成倍节拍流水施工

B.一般的成倍节拍流水施工和非节奏流水施工

C.等节奏流水施工和加快的成倍节拍流水施工

D.一般的成倍节拍流水施工和等节奏流水施工

【答案】C

【解析】等节奏流水施工和加快的成倍节拍流水施工，相邻专业工作队之间的流水步距相等，且施工段之间没有空闲时间。

3.建设工程组织流水施工时，如果存在间歇时间和提前插入时间，则（　　）。

A.间歇时间会使流水施工工期延长，而提前插入时间会使流水施工工期缩短

B.间歇时间会使流水施工工期缩短，而提前插入时间会使流水施工工期延长

C.无论是间歇时间还是提前插入时间，均会使流水施工工期延长

D.无论是间歇时间还是提前插入时间，均会使流水施工工期缩短

【答案】A

【解析】在计算工期的时候，是加上间歇时间，再减去提前插入时间，所以间歇时间会使工期延长，提前插入时间会使工期缩短。

4.某工程有4个施工过程，分5个施工段组织等节奏流水施工，流水节拍为3天。其中，第2个施工过程与第3个施工过程之间有2天的技术间歇，则该工程流水施工工期为（　　）天。

A.24　　　　　　　B.26　　　　　　　C.27　　　　　　　D.29

【答案】B

【解析】有间歇时间的等节奏流水施工工期=$(m+n-1)K+\sum Z-\sum C$，则该工程流水施工工期=$(5+4-1)\times$

3+2=26（天）。

5.建设工程采用加快的成倍节拍流水施工的特点有（　　）。

A.所有施工过程在各个施工段的流水节拍相等　　B.相邻施工过程的流水步距不尽相等

C.施工段之间没有空闲时间　　D.专业工作队数等于施工过程数

E.专业工作队数大于施工过程数

【答案】CE

【解析】加快的成倍节拍流水施工具有以下特点：①同一施工过程在各个施工段上的流水节拍均相等；不同施工过程的流水节拍为倍数关系。②相邻施工过程的流水步距相等，且等于流水节拍的最大公约数。③专业工作队数大于施工过程数。对于流水节拍大的施工过程，可按其倍数增加相应专业工作队数目。④各专业工作队在施工段上能够连续作业，施工段之间没有空闲时间。

6.某工程有3个施工过程，划分为4个施工段组织加快的成倍节拍流水施工，各施工过程流水节拍分别是6天、6天和9天，则该工程的流水步距和专业工作队总数分别是（　　）。

A.3和7　　B.3和6　　C.2和7　　D.2和6

【答案】A

【解析】流水步距等于流水节拍的最大公约数，即$K=\min\{6,6,9\}=3$（天）。专业工作队数=6÷3+6÷3+9÷3=7（天）。

7.某分部工程有3个施工过程，分为4个施工段组织加快的成倍节拍流水施工，流水节拍分别为6天、2天和4天。该分部工程流水施工工期为（　　）天。

A.18　　B.20　　C.22　　D.24

【答案】A

【解析】流水步距等于流水节拍的最大公约数：$K=\min\{6,4,2\}=2$（天）。专业工作队数=（6+4+2）÷2=6（个）。流水施工工期=（4+6-1）×2=18（天）。

8.建设工程组织非节奏流水施工时的特点包括（　　）。

A.各专业工作队不能在施工段上连续作业　　B.各施工过程在各施工段的流水节拍不全相等

C.相邻专业工作队的流水步距不尽相等　　D.专业工作队数小于施工过程数

E.有些施工段之间可能有空闲时间

【答案】BCE

【解析】非节奏流水施工的特点：①各施工过程在各施工段的流水节拍不全相等；②相邻施工过程的流水步距不尽相等；③专业工作队数等于施工过程数；④各专业工作队能够在施工段上连续作业，但有的施工段之间可能有空闲时间。

9.某分部工程有两个施工过程，分为4个施工段组织流水施工，流水节拍分别为3天、4天、4天、5天和4天、3天、4天、5天，则其流水步距为（　　）天。

A.3　　B.4　　C.5　　D.6

【答案】C

【解析】根据题意，该分部工程可以组成非节奏流水施工，利用累加数列、错位相减、取大差法来计算流水步距。错位相减求得数列差：

```
    3   7   11   16
-       4    7   11   16
─────────────────────────
    3   3    4    5  -16
```

流水步距=max{3，3，4，5，-16}=5（天）。

10.某分部工程有2个施工过程，分为5个施工段组织非节奏流水施工。各施工过程的流水节拍分别为5天、4天、3天、8天、6天和4天、6天、7天、2天、5天。第二个施工过程第三施工段的完成时间是第（　　）天。

A.17　　　　　　　　B.19　　　　　　　　C.24　　　　　　　　D.26

【答案】C

【解析】该分部工程可以组成非节奏流水施工，利用累加数列、错位相减、取大差法来计算流水步距。错位相减求得数列差：

```
    5   9   12   20   26
-       4   10   17   19   22
──────────────────────────────
    5   5    2    3    7  -22
```

流水步距=max{5,5,2,3,7,-22}=7（天），因此第二个施工过程第三施工段的完成时间=7+(4+6+7)=24（天）。

考点50　工程网络计划编制程序★★★

1.工程网络计划技术应用程序可分为四个阶段：①网络绘制图阶段；②时间参数计算阶段；③计划编制准备阶段；④网络计划优化阶段。下列选项中排序正确的是（　　）。

A.①②③④
B.③②①④
C.③①②④
D.③②④①

【答案】C

【解析】工程网络计划编制程序为：①计划编制准备阶段。②网络绘制图阶段。③时间参数计算阶段。④网络计划优化阶段。

2.建设工程网络计划编制程序中，属于网络绘制图阶段工作的是（　　）。

A.确定网络计划目标
B.确定逻辑关系
C.计算时间参数
D.调查研究

【答案】B

【解析】绘制网络图阶段主要包括工程项目分解、确定逻辑关系和网络绘制图等工作，B选项正确。确定网络计划目标、调查研究属于计划准备阶段，A、D选项错误。计算时间参数属于时间参数计算阶段，C选项错误。

3.根据所追求的目标不同,网络计划的优化包括(　　)。

A.工期优化　　　　　　　　　　　B.目标优化

C.费用优化　　　　　　　　　　　D.资源优化

E.成本优化

【答案】ACD

【解析】根据所追求的目标不同,网络计划的优化包括工期优化、费用优化和资源优化三种。

4.(　　)是编制工程网络计划的前提。

A.绘制网络图　　　　　　　　　　B.工程项目分解

C.确定网络计划目标　　　　　　　D.确定逻辑关系

【答案】B

【解析】工程项目分解,即将工程项目由粗到细进行分解,是编制工程网络计划的前提。

考点51　双代号网络图基本概念★★★

1.下列关于网络计划中节点的说法中正确的是(　　)。

A.节点内可以用工作名称代替编号

B.节点在网络计划中只表示事件,即前后工作的交接点

C.所有节点均既有向内又有向外的箭线

D.所有节点编号不能重复

【答案】D

【解析】双代号网络计划中节点必须都有编号,工作名称标注在箭线上方,A选项错误。在双代号和单代号网络计划中,工作分别表示工作之间的联系和工作本身,具有不同的含义,B选项错误。中间节点(不是所有节点)均既有向内又有向外的箭线,起点节点只有外向箭线,终点节点只有向内箭线,C选项错误。网络图节点的编号顺序应从小到大,可不连续,但不允许重复,D选项正确。

2.在双代号网络计划中,有时存在虚工作。虚工作的特点是(　　)。

A.既消耗时间,又消耗资源　　　　B.只消耗时间,不消耗资源

C.不消耗时间,只消耗资源　　　　D.既不消耗时间,也不消耗资源

【答案】D

【解析】虚箭线不代表实际工作,称为虚工作。虚工作既不消耗时间,也不消耗资源,主要用来表示相邻两项工作之间的逻辑关系。

3.关于网络计划中箭线的说法,正确的是(　　)。

A.箭线在网络计划中只表示工作　　B.箭线都要占用时间,多数要消耗资源

C.箭线的长度表示工作的持续时间　D.箭线的水平投影方向不能从右往左

【答案】D

【解析】箭线在网络计划中通常不仅表示工作，还同时表示工作之间的逻辑关系，A选项错误。虚箭线既不消耗时间，也不消耗资源，B选项错误。在无时间坐标的网络图中，箭线的长度原则上可以任意画，其占用的时间以下方标注的时间参数为准，C选项错误。箭线可以为直线、折线或斜线，但其行进方向均应从左向右，D选项正确。

4.关于双代号网络计划中线路的说法，正确的有（　　）。

A.长度最短的线路称为非关键线路

B.一个网络图中可能有一条或多条关键线路

C.线路中各项工作持续时间之和就是该线路的长度

D.线路中各节点应从小到大连续编号

E.没有虚工作的线路称为关键线路

【答案】BC

【解析】除时间最长的线路外，其余均为非关键线路，A选项错误。线路中各节点的编号应由小到大但可以不连续，D选项错误。关键线路也可以有虚工作，E选项错误。

5.某双代号网络计划如下图（单位：天）所示，其关键线路有（　　）条。

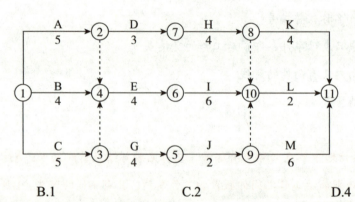

A.3　　　　　　B.1　　　　　　C.2　　　　　　D.4

【答案】A

【解析】A选项正确，关键线路为3条。分别为：①—②—④—⑥—⑩—⑪、①—③—④—⑥—⑩—⑪、①—③—⑤—⑨—⑪。

6.双代号网络计划如下图（单位：天）所示，其关键线路有（　　）条。

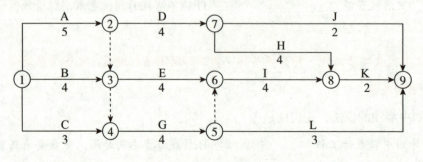

A.4　　　　　　B.3　　　　　　C.2　　　　　　D.1

【答案】B

【解析】B选项正确，关键线路为3条。分别为A—D—H—K，A—E—I—K，A—G—I—K。

7.某双代号网络计划如下图所示（单位：天），其关键工作有（　　）。

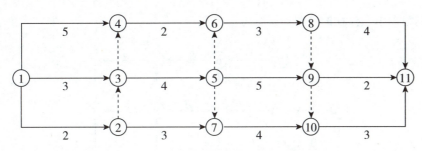

A.工作③—⑤　　　　　　　　　　　　B.工作①—④

C.工作⑤—⑨　　　　　　　　　　　　D.工作⑦—⑩

E.工作⑧—⑪

【答案】AC

【解析】A、C选项正确，关键线路为①—③—⑤—⑨—⑩—⑪，所以工作③—⑤、工作⑤—⑨为关键工作。

考点52　双代号网络图绘图规则★★★

1.在下列网络图中，存在的绘图错误有（　　）。

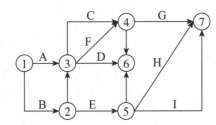

A.存在双向箭头　　　　　　　　　　　B.工作编号重复

C.有多个起点节点　　　　　　　　　　D.有循环回路

E.有多个终点节点

【答案】BE

【解析】工作③→④、⑤→⑦重复，B选项正确。存在两个终点节点⑥⑦，E选项正确。

2.双代号网络图如下图所示，其中存在的绘图错误是（　　）。

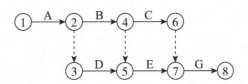

A.工作的节点编号不规范　　　　　　　B.存在多余的虚工作

C.存在多个终点节点 　　　　　　　　D.存在未标注名称的工作

【答案】B

【解析】工作⑥→⑦为多余虚工作，B选项正确。

3.下列双代号网络图中，存在的绘图错误有（　　）。

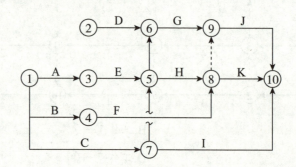

A.存在多个起点节点

B.箭线交叉的方式错误

C.存在相同节点编号的工作

D.存在没有箭尾节点的箭线

E.节点编号错误

【答案】AB

【解析】工作①②为多个起点，A选项正确。箭线交叉应采用过桥法和指向法，B选项正确。

4.某双代号网络计划如下图（单位：天）所示，存在的不妥之处是（　　）。

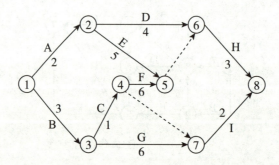

A.有多个起点节点

B.工作表示方法不一致

C.节点编号不连续

D.有多余时间参数

【答案】B

【解析】双代号网络计划中工作名称可标注在箭线的上方，完成该项工作所需要的持续时间可标注在箭线的下方。工作⑦→⑧的工作名称和持续时间标注错误，B选项当选。

5.某工程双代号网络图如下图所示,图中存在的错误是( )。

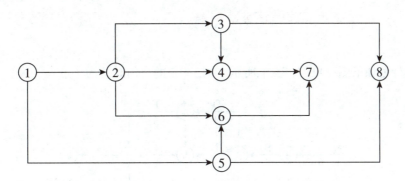

A.节点编号不对　　　　B.有多余虚工作　　　　C.有多个终点节点　　　　D.有多个起点节点

【答案】C

【解析】图中节点⑦、节点⑧均为终点节点,C选项正确。

考点53　双代号网络图时间参数计算★★★

1.某工作有两个紧前工作,它们的最早开始时间分别是第3天和第5天,相应的持续时间分别是8天和7天,则该工作的最早开始时间是第( )天。

A.10　　　　　　　　B.11　　　　　　　　C.12　　　　　　　　D.13

【答案】C

【解析】本工作最早开始时间=紧前工作最早完成时间=紧前工作最早开始时间+持续时间,两紧前工作的最早完成时间分别为3+8=11(天),5+7=12(天),该工作的最早开始时间取大值为第12天。

2.网络计划中,某项工作的最早开始时间是第4天,持续2天,两项紧后工作的最迟开始时间是第9天和第11天,该项工作的最迟开始时间是第( )天。

A.7　　　　　　　　B.6　　　　　　　　C.8　　　　　　　　D.9

【答案】A

【解析】本工作最迟完成时间=紧后工作最迟开始时间的最小值=9(天),本工作最迟开始时间=本工作最迟完成时间-持续时间=9-2=7(天)。

3.工作N的最早开始时间是第12天,持续时间是5天,工作N后有三项紧后工作,它们的最早开始时间分别为:20天、21天、23天。工作N的自由时差为( )天。

A.0　　　　　　　　B.1　　　　　　　　C.2　　　　　　　　D.3

【答案】D

【解析】工作N的自由时差=min紧后工作最早开始时间-工作N最早完成时间=20-(12+5)=3(天)。

4.工作最早开始时间为第4天,总时差为2天,持续时间为6天,该工作的最迟完成时间是第( )天。

A.9　　　　　　　　B.11　　　　　　　　C.10　　　　　　　　D.12

【答案】D

【解析】最早完成时间=最早开始时间+持续时间=4+6=10（天），最迟完成时间=最早完成时间+总时差=10+2=12（天）。

5.某双代号网络计划如下图（单位：天）所示，则工作E的自由时差为（　　）天。

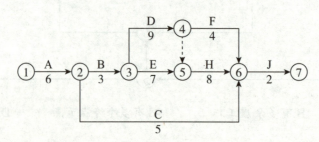

A.15　　　　　　　　B.2　　　　　　　　C.4　　　　　　　　D.0

【答案】B

【解析】工作H最早开始时间为第18天，工作E最早完成时间为第16天，则工作C的自由时差=紧后工作最早开始时间的最小值-本工作最早完成时间=18-16=2（天）。

6.某工程双代号网络计划如下图（单位：天）所示，工作D的最早开始时间和最迟开始时间分别是（　　）。

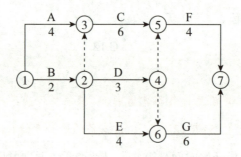

A.2和5　　　　　　　B.4和5　　　　　　　C.2和7　　　　　　　D.4和7

【答案】A

【解析】本题关键线路是A→C→F，总工期是14天，工作B结束后就可以进行工作D，所以工作D的最早开始时间是第2天结束。工作D的最迟开始时间应不影响工作G的开始，因此工作D的最迟开始时间=14-6-3=5（天），A选项正确。

7.某双代号网络计划如下图（单位：天）所示，关于工作时间参数的说法，正确的有（　　）。

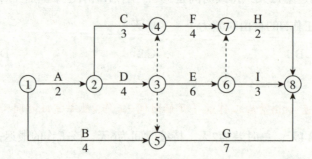

A.工作B的最迟完成时间是第8天　　　　　　B.工作C的最迟开始时间是第7天

C.工作F的自由时差是1天　　　　　　　D.工作G的总时差是2天

E.工作H的最早开始时间是第13天

【答案】AD

【解析】关键线路为①—②—③—⑥—⑧，工期15天。工作C的最迟开始时间是第6天，B选项错误。工作F的自由时差为2天，C选项错误。工作H的最早开始时间为第12天，E选项错误。

8.在某网络计划中，工作N的持续时间为6天，最迟完成时间为第25天，该工作三项紧前工作的最早完成时间分为第10天、第12天和第13天，则工作N的总时差是（　　）天。

A.12　　　　　　B.8　　　　　　C.6　　　　　　D.4

【答案】C

【解析】工作N的最早开始时间=紧前工作的最早完成时间的最大值=max{10，12，13}=13（天），因此工作N的总时差=最迟完成时间-最早完成时间=25-13-6=6（天）。

9.在某工程网络计划中，工作M的持续时间是1天，最早第4天开始。工作M的两个紧后工作的最迟开始时间分别为第7天和第9天。工作M的总时差是（　　）天。

A.1　　　　　　B.2　　　　　　C.3　　　　　　D.5

【答案】B

【解析】工作M的最早完成时间=最早开始时间+持续时间=4+1=5（天），工作M的最迟完成时间=紧后工作最迟开始时间的最小值=min{7，9}=7（天），工作M的总时差=最迟完成时间-最早完成时间=7-5=2（天）。

10.某工作的持续时间是2天，有2项紧前工作和3项紧后工作，紧前工作的最早开始时间分别是第3天、第6天（计算坐标系），对应的持续时间分别是5天、1天；紧后工作的最早开始时间分别是第15天、第17天、第19天，对应的总时差分别是3天、2天、0天，该工作的总时差是（　　）天。

A.9　　　　　　B.8　　　　　　C.10　　　　　　D.13

【答案】B

【解析】工作的最早开始时间=紧前工作最早完成时间的最大值=max{3+5，6+1}=8（天），工作的最迟完成时间=紧后工作最迟开始时间的最小值=min{15+3，17+2，19+0}=18（天），该工作的总时差=最迟完成时间-最早完成时间=18-8-2=8（天）。

11.在双代号网络计划中，某工作最早第3天开始，工作持续时间2天，有且仅有2个紧后工作，紧后工作最早开始时间分别是第5天和第6天，对应总时差是4天和2天。该工作的总时差和自由时差分别是（　　）。

A.3天、0天　　　B.0天、0天　　　C.4天、1天　　　D.2天、2天

【答案】A

【解析】本工作的最早完成时间=最早开始时间+持续时间=3+2=5（天）。紧后工作的最迟开始时间分别为5+4=9（天）和6+2=8（天），则本工作的最迟完成时间=紧后工作最迟开始时间的最小值=8（天）。本工作的总时差=最迟完成时间-最早完成时间=8-5=3（天），本工作的自由时差=紧后工作最早开始时间的最小值-本工作的最早完成时间=5-5-5=0（天）。

考点54 双代号时标网络图★★★

1.某工程双代号时标网络计划如下图所示，工作A的总时差为（ ）天。

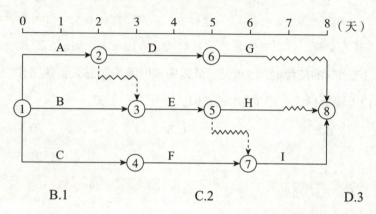

A.0   B.1   C.2   D.3

【答案】C

【解析】由该双代号时标网络图可以看出，工作C→F→I为关键线路，工作A的最早完成时间EF_A=2（天），最迟完成时间LF_A=min{LS_D, LS_E}=min{4, 4}=4（天），所以TF_A=4-2=2（天），C选项正确。

2.双代号时标网络计划中，当某工作之后只有虚工作时，则该工作的自由时差为（ ）。

A.该工作的波形线的水平长度

B.本工作与紧后工作间波形线水平长度之和的最大值

C.其紧接的虚箭线中波形线水平投影长度的最短者

D.后续所有工作中波形线水平长度之和的最小值

【答案】C

【解析】自由时差是指在不影响其紧后工作最早开始的前提下，本工作可以利用的机动时间。在双代号时标网络计划中，当某工作之后有虚工作时，则该工作的自由时差为其紧接的虚箭线中波形线水平投影长度的最短者，C选项正确。

3.某双代号时标网络计划如下图所示，工作F、工作H的最迟完成时间分别为（ ）。

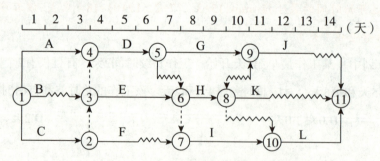

A.第7天、第9天   B.第7天、第11天

C.第8天、第9天   D.第8天、第11天

【答案】B

【解析】找出关键线路①→②→③→⑥→⑦→⑩→⑪；工作F的自由时差为2天，工作H的自由时差为0

天。工作F的总时差为2，工作H的总时差为2，最迟完成时间=总时差+最早完成时间，工作F的最迟完成时间=2+5=7（天），工作H的最迟完成时间=9+2=11（天）。

考点55　单代号网络图★★★

1.在单代号网络计划中，设工作A的紧后工作有B和C，工作B和C的总时差分别为3天和5天，工作A、B之间的间隔时间为8天，工作A、C之间的间隔时间为7天，则工作A的总时差为（　　）天。

A.9　　　　　　　B.10　　　　　　　C.11　　　　　　　D.12

【答案】C

【解析】由于某工作的总时差等于其紧后工作的总时差与其紧后工作的时间间隔之和的最小值，因而本题总时差$TF=\min\{3+8, 5+7\}=11$（天），C选项正确。

2.某单代号网络计划如下图（单位：天）所示，该网络计划的计算工期（　　）天。

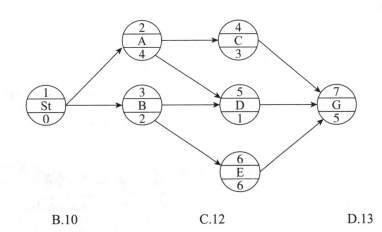

A.8　　　　　　　B.10　　　　　　　C.12　　　　　　　D.13

【答案】D

【解析】网络计划的关键线路为①→③→⑥→⑦，其长度为2+6+5=13（天），即工期为13天，D选项正确。

3.某工程单代号网络计划如下图（单位：天）所示，图中节点上下方数字分别表示相应工作代号和持续时间，其时间参数计算正确的有（　　）。

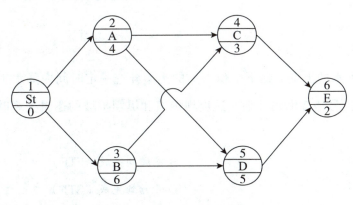

A.$LS_A=0$　　　　　　　　　　　　　　B.$LS_B=0$

C.$TF_C=0$ D.$FF_D=0$
E.$LF_E=13$

【答案】 BDE

【解析】 工作A的最迟开始时间为第2天，A选项错误。工作B的最迟开始时间为0天，B选项正确。工作C的总时差为2天，C选项错误。工作D的自由时差为第0天，D选项正确。工作E的最迟完成时间为第13天，E选项正确。

4.某工程网络计划中，工作N的持续时间是1天，最早第14天上班时刻开始，工作N的三个紧前工作A、B、C最早完成时间分别是第9天、第11天、第13天下班时刻，则工作B与工作N的时间间隔是（　　）天。

A.0   B.1   C.2   D.4

【答案】 C

【解析】 工作B的最早完成时间为第11天的下班时刻，等同于第12天的上班时刻。工作B与工作N的时间间隔：14-12=2（天）。

考点56　单代号搭接网络图★★

1.下列关于单代号搭接网络计划中时距的说法中正确的是（　　）。

A.时距是某工作具有的特殊时间参数　　B.相邻工作间只能有一种时距的限制
C.时距是时间间隔的特殊形式　　D.时距一般标注在箭线的上方

【答案】 D

【解析】 时距指的是前项工作的开始或完成时间与其紧后工作的开始或完成时间之间的间距，是相邻工作之间的时间参数，A选项错误。相邻工作间不只有一种时距的限制，B选项错误。时距是一种搭接顺序关系，和时间间隔不同，C选项错误。时距一般标注在箭线的上方，D选项正确。

2.修一条堤坝的护坡时，一定要等土堤自然沉降完成后再开始。用单代号搭接网络计划表达堤坝填筑和堤坝护坡的逻辑关系时，应采用的搭接关系是（　　）。

A.完成到开始（FTS）　　B.完成到完成（FTF）
C.开始到开始（STS）　　D.开始到完成（STF）

【答案】 A

【解析】 修一条堤坝的护坡时，一定要等土堤自然沉降后才能修护坡，这种等待的时间就是FTS时距。

3.挖掘带有部分地下水的土壤，地下水位以上的土壤开挖一定时间内降水工作必须完成，以便水位以下土壤开挖。用单代号搭接网络计划表达堤坝填筑和堤坝护坡的逻辑关系时，应采用的搭接关系是（　　）。

A.完成到开始（FTS）　　B.完成到完成（FTF）
C.开始到开始（STS）　　D.开始到完成（STF）

【答案】 D

【解析】挖掘带有部分地下水的土壤，地下水位以上的土壤开挖一定时间内降水工作必须完成，以便水位以下土壤开挖。这种开始到结束的限制时间就是STF时距。

4.单代号搭接网络计划中，某工作持续时间3天，有且仅有一个紧前工作，紧前工作最早第2天开始，工作持续时间5天，该工作与紧前工作间的时距是FTF=2（天）。该工作的最早开始时间是第（　　）天。

A.6　　　　　　　　B.0　　　　　　　　C.3　　　　　　　　D.5

【答案】A

【解析】紧前工作最早完成时间=2+5=7（天）。因完成到完成时距FTF=2（天），则本工作最早完成时间=7+2=9（天），则该工作最早开始时间=9-3=6（天）。

考点57　施工进度监测系统过程★★★

1.在建设工程进度计划实施中，施工进度调整系统过程包括以下工作内容：①调整施工进度计划；②分析进度偏差对后续工作及总工期的影响；③确定后续工作及总工期的限制条件；④分析进度偏差产生原因。其正确的顺序是（　　）。

A.①→③→④→②　　B.④→③→②→①　　C.④→②→③→①　　D.②→④→③→①

【答案】C

【解析】施工进度调整系统过程为：①分析进度偏差产生原因。②分析进度偏差对后续工作及总工期的影响。③确定后续工作及总工期的限制条件。④调整施工进度计划。

2.下列工作中，属于建设工程施工进度监测系统过程中的工作内容的是（　　）。

A.实际进度与计划进度比较分析

B.调整施工进度计划

C.分析进度偏差产生原因

D.分析进度偏差对后续工作及总工期的影响

【答案】A

【解析】施工进度监测系统过程：①实施施工进度计划。②收集整理实际进度数据。③实际进度与计划进度比较分析。

考点58　实际进度与计划进度比较方法★★★

1.采用S曲线比较工程实际进度与计划进度后可获得的信息有（　　）。

A.工程实际拥有的总时差　　　　　　　B.工程实际进展情况

C.工程实际进度超前或拖后的时间　　　D.工程实际超额或拖欠完成的任务量

E.后期工程进度预测

【答案】BCDE

【解析】通过比较实际进度S曲线和计划进度S曲线，可以获得如下信息：①工程实际进展状况；②工程实际进度超前或拖后的时间；③工程实际超额或拖欠的任务量；④后期工程进度预测。

2.当利用S曲线比较工程项目的实际进度与计划进度时，如果检查日期实际进展点落在计划S曲线的左侧，则该实际进展点与计划S曲线在水平方向的距离表示工程项目（ ）。

A.实际超额完成的任务量　　　　　　　　B.实际拖欠的任务量

C.实际进度拖后的时间　　　　　　　　　D.实际进度超前的时间

【答案】D

【解析】S曲线比较法是在图上进行工程项目实际进度与计划进度的直观比较。在S曲线比较图中可以直接读出实际进度比计划进度超前或拖后的时间。如果检查日期实际进展点落在计划S曲线的左侧，则表示这一时刻实际进度超前的时间；如果检查日期实际进展点落在计划S曲线的右侧，则表示这一时刻实际进度拖后的时间。

3.某分项工程月计划工程累计曲线如下图所示（单位：万m³），该工程1—4月实际工程量分别为6万m³、7万m³、8万m³和15万m³，则通过比较获得的正确结论是（ ）。

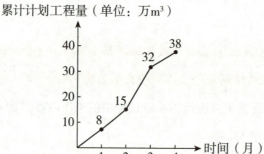

A.第1个月实际工程量比计划工程量超额2万m³

B.第2个月实际工程量比计划工程量超额2万m³

C.第3个月实际工程量比计划工程量拖欠2万m³

D.4月底累计实际工程量比计划工程量拖欠2万m³

【答案】D

【解析】第1个月实际工程量比计划工程量拖欠2万m³，A选项错误。第2个月计划工程量为15-8=7（万/m³），与实际工程量一致，B选项错误。第3个月计划工程量为32-15=17（万/m³），实际工程量比计划工程量拖欠9m³，C选项错误。4月底累计实际工程量为6+7+8+15=36（万/m³），比计划工程量拖欠2万/m³，D选项正确。

4.某工程时标网络计划实施至第7周周末检查绘制的实际进度前锋线如下图所示，前锋线上各项工作实际进度及其影响程度正确的有（　　）。

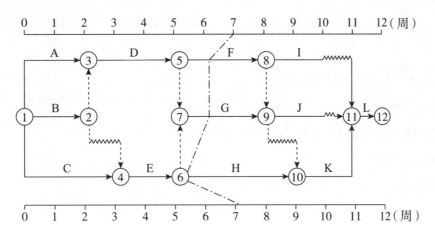

A.工作F拖延1周，影响工作I1周
B.工作F拖延1周，影响总工期1周
C.工作G正常，不影响后续工作及总工期
D.工作H拖延2周，影响工作K2周
E.工作H拖延2周，影响总工期2周

【答案】ADE

【解析】第7周周末检查时，工作F拖延1周，工作F总时差为1周，自由时差为0，不影响总工期，影响后续工作I、后续工作J1周，A选项正确，B选项错误。第7周周末检查时，工作G拖延1周，工作G总时差为1周，自由时差为0，不影响总工期，影响后续工作J、工作K1周，C选项错误。第7周周末检查时，工作H拖延2周，工作H总时差、自由时差均为0，影响后续工作K2周、影响总工期2周，D、E选项正确。

5.工程网络计划中，工作M的自由时差为3天，总时差为6天。在计划的执行过程中，只有工作M拖延4天。则工作M实际进度偏差对后续工作及总工期的影响是（　　）。

A.影响后续工作开始，也影响总工期
B.影响后续工作开始，但不影响总工期
C.不影响后续工作开始，也不影响总工期
D.不影响后续工作开始，但影响总工期

【答案】B

【解析】工作M拖延4天，超过自由时差，对其后续工作产生影响；未超过该工作的总时差，不影响总工期。

考点59　施工进度计划调整方法及措施★★★

1.工程网络计划实施过程中，当某项工作实际进度拖后而影响工程总工期时，在不改变工作逻辑关系的前提下，可通过（　　）的方法有效缩短工期。

A.缩短某些工作持续时间
B.组织搭接或平行作业
C.减少某些工作机动时间
D.分段组织流水施工

【答案】A

【解析】不改变施工进度计划中工作之间的逻辑关系，通过采取增加资源投入、提高劳动生产效率等措施，来缩短某些工作的持续时间，以达到加快施工进度、缩短工期的目的。

2.调整施工进度计划时，通过增加劳动力和施工机械的数量缩短某些工作持续时间的措施属于（　　）。

A.经济措施　　　　　B.技术措施　　　　　C.组织措施　　　　　D.合同措施

【答案】C

【解析】缩短某些工作持续时间的组织措施：①增加工作面，组织更多的施工队伍；②增加每天施工时间，采用加班或多班制施工方式；③增加劳动力和施工机械的数量。

3.为了达到调整施工进度计划的目的，可采用的技术措施是（　　）。

A.采用更先进的施工机械　　　　　B.增加工作面

C.实施强有力的调度　　　　　　　D.增加施工队伍

【答案】A

【解析】缩短某些工作持续时间的技术措施：改进施工工艺和施工技术，缩短工艺技术间歇时间；采用更先进的施工方式（如将现浇混凝土方案改为预制装配方案），减少施工过程数量；采用更先进的施工机械等。A选项正确。增加工作面、增加施工队伍属于组织措施，B、D选项错误。实施强有力的调度属于其他配套措施，C选项错误。

4.将现浇混凝土方案改为预制装配方案属于实施进度控制的（　　）。

A.技术措施　　　　　B.合同措施　　　　　C.组织措施　　　　　D.经济措施

【答案】A

【解析】进度控制的技术措施主要包括改进施工工艺和施工技术，缩短工艺技术间歇时间；采用更先进的施工方式（如将现浇混凝土方案改为预制装配方案），减少施工过程数量；采用更先进的施工机械等。

5.对所采取的技术措施给予相应经济补偿属于实施进度控制的（　　）。

A.经济措施　　　　　B.合同措施　　　　　C.组织措施　　　　　D.技术措施

【答案】A

【解析】进度控制的经济措施包括实行包干奖励；提高奖金数额；对所采取的技术措施给予相应经济补偿等。

6.工程实际进度偏差影响到总工期时，可采用（　　）等方法调整进度计划。

A.缩短某些关键工作的持续时间　　　　　B.将顺序作业改为搭接作业

C.增加劳动力，提高劳动效率　　　　　　D.保证资源的供应

E.将顺序作业改为平行作业

【答案】ABCE

【解析】当实际进度偏差影响到后续工作、总工期而需要调整进度计划时，其调整方法主要有两种。一种是改变某些工作间的逻辑关系（将顺序进行的工作改为平行作业、搭接作业以及分段组织流水作业等，都可以有效地缩短工期）。另一种是缩短某些工作的持续时间，这种方法是不改变施工进度计划中工作之间的逻辑关系，通过采取增加资源投入、提高劳动生产效率等措施，来缩短某些工作的持续时间，以达到加快施工进度、缩短工期的目的。

专题五 质量管理

导图框架

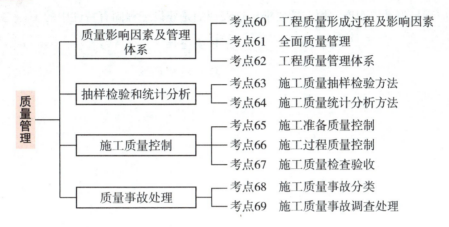

专题雷达图

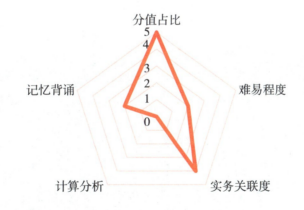

分值占比：本专题在考试中预计分值占比较高，预估分值为18分。

难易程度：本专题的核心主题是"质量"，内容易于理解。

实务关联度：本专题预计在实务考试中会有较多的关联考题，如工程质量影响因素、施工质量检查验收以及工程质量事故调查处理等，应加以关注。

计算分析：本专题不涉及计算类考点。

记忆背诵：本专题内容难度不高，以理解学习为主，不需要进行额外的背诵。

考点练习

考点60　工程质量形成过程及影响因素 ★★★

1.建设工程应满足强度、刚度、稳定性要求，这表现的是建设工程固有特性中的（　　）。

A.实用性　　　　　　　　　　　　　　B.安全性

C.可靠性　　　　　　　　　　　　　　D.环境协调性

【答案】B

【解析】建设工程固有特性如下图所示。

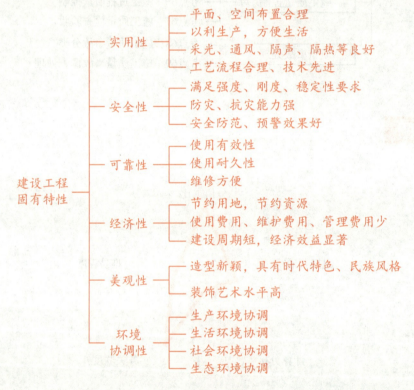

"满足强度、刚度、稳定性要求"属于安全性，B选项正确。

2.建设工程固有特性中的可靠性具体表现为（　　）。

A.工艺流程合理　　　　　　　　　　　B.使用耐久性

C.使用有效性　　　　　　　　　　　　D.维修方便

E.抗灾能力强

【答案】BCD

【解析】建设工程固有特性中的可靠性具体表现为：①使用有效性；②使用耐久性；③维修方便。B、C、D选项正确。

3.影响工程质量的决定性阶段是（　　）。

A.工程投资决策阶段 B.勘察设计阶段

C.工程施工阶段 D.工程竣工验收阶段

【答案】B

【解析】建设工程勘察设计是根据投资决策阶段已确定的质量目标和水平,通过工程勘察、设计使其具体化。工程设计在技术上是否可行、工艺是否先进、经济是否合理、设备是否配套、结构是否可靠等,都将决定着工程建成后的功能和使用价值。因此,勘察设计阶段是影响工程质量的决定性阶段。B选项正确。

4.建设工程质量受到多种因素的影响,下列选项中对工程质量产生影响的因素有（　　）。

A.人的专业素质 B.材料的选用是否合理

C.施工机构设备的价格 D.施工工艺的先进性

E.工程社会环境

【答案】ABD

【解析】影响工程质量的因素有很多,可归纳为人、材料、机械、方法及环境五大方面,即:4M1E。A、B、D选项正确。

5.下列影响施工质量的因素中属于材料因素的有（　　）。

A.计量器具 B.建筑构配件

C.工程设备 D.新型模板

E.安全防护设施

【答案】BD

【解析】材料包括工程材料和施工用料,又包括原材料、半成品、成品、构配件和周转材料等。各类材料是工程施工的物质条件,材料质量是工程质量的基础,材料质量不符合要求,工程质量就不可能达到标准。A、C选项属于机械因素;E选项属于施工作业环境因素。

考点61　全面质量管理★★

1.全面质量管理是一个组织以质量为中心,以（　　）为基础,目的是通过让顾客满意和组织所有成员及社会受益而达到长期成功的管理途径。

A.持续改进 B.全员参与

C.PDCA循环 D.领导作用

【答案】B

【解析】全面质量管理是一个组织以质量为中心,以全员参与为基础,目的是通过让顾客满意和组织所有成员及社会受益而达到长期成功的管理途径。B选项正确。

2.质量管理的发展大致可分为（　　）。

A.全面质量管理阶段　　　　　　　　　B.统计质量控制阶段

C.质量管理准备阶段　　　　　　　　　D.质量检验阶段

E.质量计划策划阶段

【答案】ABD

【解析】质量管理的发展大致可分为三个阶段：质量检验阶段、统计质量控制阶段、全面质量管理阶段。A、B、D选项正确。

3.质量管理宗旨为用最经济的生产成本为消费者提供完全满意的优质产品，其处于质量管理的（　　）。

A.全面质量管理阶段

B.统计质量控制阶段

C.质量管理准备阶段

D.质量检验阶段

【答案】A

【解析】全面质量管理阶段：质量管理宗旨为用最经济的生产成本为消费者提供完全满意的优质产品。其特征是，从市场调查、开发、设计直到售后服务的一切环节中，所有人员，从经理到工人均参加，协同行动。A选项正确。

4.全面质量管理的基本特点包括（　　）。

A.参加管理人员的全面性

B.管理范围的全面性

C.管理实施的循环性

D.管理方法的多样性

E.管理内容的全面性

【答案】ABDE

【解析】全面质量管理的基本特点：①管理内容的全面性；②管理范围的全面性；③参加管理人员的全面性；④管理方法的多样性。A、B、D、E选项正确。

5.全面质量管理的最基本的基础工作包括（　　）等。

A.质量信息工作　　　　　　　　　　B.标准化工作

C.质量教育工作　　　　　　　　　　D.质量策划工作

E.计量和理化工作

【答案】ABCE

【解析】全面质量管理的基础工作内容比较广泛，最基本的基础工作包括标准化工作、计量和理化工作、质量信息工作、质量教育工作和质量责任制等。A、B、C、E选项正确。

考点62 工程质量管理体系★★★

1.关于工程质量管理体系性质的说法，正确的是（　　）。

A.工程质量管理体系是工程项目管理组织质量管理体系的子系统

B.工程质量管理体系是一个一次性的质量控制工作体系

C.工程质量管理体系是监理单位建立的质量控制工作体系

D.工程质量管理体系不随项目管理机构的解体而消失

【答案】B

【解析】工程质量管理体系是工程项目管理组织的一个目标控制体系，它与项目投资控制、进度控制、职业健康安全与环境管理等目标控制体系，共同依托于同一项目管理组织机构，A选项错误。工程质量管理体系是以工程项目为对象，由工程项目实施的总组织者负责建立的面向项目对象开展质量控制的工作体系，C选项错误。工程质量管理体系根据工程项目管理的实际需要而建立，随着工程项目的完成和项目管理组织的解体而消失，因此，是一个一次性的质量管理工作体系，不同于企业质量管理体系。B选项正确，D选项错误。

2.建设工程项目质量管理系统与建筑企业或其他组织机构按照"GB/T 19000"族标准建立的质量管理体系相比较，不同之处包括（　　）。

A.目的不同　　　　　　　　　　B.评价的方式不同

C.作用时效不同　　　　　　　　D.服务范围不同

E.管理方法不同

【答案】ABCD

【解析】建设工程项目质量管理系统是面向项目对象而建立的质量控制工作体系，它与建筑企业或其他组织机构按照"GB/T 19000"族标准建立的质量管理体系相比较，有如下不同：①目的不同。②服务范围不同。③目标不同。④作用时效不同。⑤评价的方式不同。A、B、C、D选项正确。

3.工程质量管理体系只用于特定的工程项目质量管理，而不是用于建筑企业或组织的质量管理，这表明建设工程项目质量管理系统与建筑企业按照"GB/T 19000"族标准建立的质量管理体系（　　）。

A.目的不同　　　　　　　　　　B.评价的方式不同

C.作用时效不同　　　　　　　　D.服务范围不同

【答案】A

【解析】工程质量管理体系只用于特定的工程项目质量管理，而不是用于建筑企业或组织的质量管理，其建立的目的不同。A选项正确。

4.建设工程项目质量管理体系一般形成（　　）的结构形态。

A.多目标　　　　　　　　　　　B.多层次

C.多作用　　　　　　　　　　　D.多单元

E.多范围

【答案】BD

【解析】建设工程项目质量管理体系，一般形成多层次、多单元的结构形态，这是由其实施任务的委托方式和合同结构所决定的。B、D选项正确。

5.工程质量管理体系的运行机制包括（　　）。

A.反馈机制　　　　　　　　　　　B.动力机制

C.持续改进机制　　　　　　　　　D.约束机制

E.政策机制

【答案】ABCD

【解析】工程质量管理体系的运行机制，是由一系列质量管理制度安排所形成的内在动力。运行机制是工程质量管理体系的生命，机制缺陷是造成系统运行无序、失效和失控的重要原因。因此，在系统内部的管理制度设计时，必须予以高度的重视，防止重要管理制度的缺失、制度本身的缺陷、制度之间的矛盾等现象出现，才能为系统的运行注入动力机制、约束机制、反馈机制和持续改进机制。A、B、C、D选项正确。

考点63　施工质量抽样检验方法★★★

1.衡量一批产品质量的方法主要有计数方法和计量方法，计量方法可以是（　　）。

A.以批中每百单位产品的平均合格数为质量指标

B.以批合格品率为质量指标

C.以批中单位产品某个质量特性的平均值为质量指标

D.以批中单位产品某个质量特性的标准差为质量指标

E.以批不合格品率为质量指标

【答案】CDE

【解析】衡量一批产品质量的方法主要有两种：计数方法和计量方法。

①计数方法有两种：a.以批不合格品率为质量指标，也称为计件；b.以批中每百单位产品的平均不合格数为质量指标，不合格数应为不合格品（个）数×不合格项数，也称为计点。

②计量方法可以是：a.以批中单位产品某个质量特性的平均值为质量指标；b.以批不合格品率为质量指标；c.以批中单位产品某个质量特性的标准差为质量指标等。（C、D、E选项正确）

2.随机抽样可分为（　　）等。

A.分级随机抽样　　　　　　　　　B.分层随机抽样

C.分群随机抽样　　　　　　　　　D.系统随机抽样

E.简单随机抽样

【答案】ABDE

【解析】随机抽样可分为简单随机抽样、系统随机抽样、分层随机抽样、分级随机抽样和整群随机抽样等。A、B、D、E选项正确。

3.某产品质量检验采用计数型二次抽样检验方案，已知：$N=1000$，$n_1=40$，$n_2=60$，$C_1=1$，$C_2=3$。经二次抽样检得：$d_1=2$，$d_2=3$，则正常的结论是（　　）。

A.经第一次抽样检验即可判定该批产品质量合格

B.经第一次抽样检验即可判定该批产品质量不合格

C.经第二次抽样检验即可判定该批产品质量合格

D.经第二次抽样检验即可判定该批产品质量不合格

【答案】D

【解析】将二次抽样方案设为：$N=1000$，$n_1=40$，$n_2=60$，$C_1=1$，$C_2=3$时，则需随机抽取第一个样本$n_1=40$件产品进行检验，若所发现的不合格品数d_1为零，则判定该批产品合格；若$d_1>3$，则判定该批产品不合格。本题中$d_1=2$，若$0<d_1\leq3$（即在$n_1=40$件产品中发现1件、2件或3件不合格），则需继续抽取第二个样本$n_2=60$件产品进行检验，得到n_2中不合格品数。若$d_1+d_2\leq3$则判定该批产品合格；若$d_1+d_2>3$，则判定该批产品不合格。本题中$d_1+d_2=2+3=5>3$，则判定该批产品不合格。D选项正确。

4.检验结构表面是否有裂缝、混凝土振捣是否符合要求的感观检验法是（　　）。

A.看　　　　　　　　　　　　　　B.摸

C.敲　　　　　　　　　　　　　　D.照

【答案】A

【解析】感观检验法是以施工规范和检验标准为依据，利用人体的视觉器官、听觉器官和触觉器官来检验施工质量情况。这类方法主要是根据质量要求，采用看、摸、敲、照等方法对检查对象进行检查。所谓"看"，就是根据质量标准要求进行外观检查，例如结构表面是否有裂缝、混凝土振捣是否符合要求等。A选项正确。

5.物理检验法是一种在施工质量检验中被广泛应用的重要方法，包括（　　）等。

A.应力检测　　　　　　　　　　　B.电性能检测

C.机械性能检测　　　　　　　　　D.度量检测

E.无损检测

【答案】BCDE

【解析】物理检验法是指利用物理原理借助各种检测工具和仪器设备对施工质量进行检验的方法。物理检验法是一种在施工质量检验中被广泛应用的重要方法，包括度量检测、电性能检测、机械性能检测和无损检测等。B、C、D、E选项正确。

考点64 施工质量统计分析方法★★★

1.工程质量统计分析中,用来系统整理分析某个质量问题与其产生原因之间关系的方法是（　　）。

A.直方图法　　　　B.相关图法　　　　C.排列图法　　　　D.因果分析图法

【答案】D

【解析】因果分析图又称为质量特性因果图、鱼刺图和树枝图,是一种反映质量特性与质量缺陷产生原因之间关系的图形工具,可用来分析、追溯质量缺陷产生的最根本原因。D选项正确。

2.某工程质量检查项目及其不合格点数统计如下表所示,根据排列图法,影响该工程质量的主要因素有（　　）个。

质量检查项目及其不合格点数统计表

检查项目	a	b	c	d	e	f	g	h
不合格点数	1	8	4	45	15	75	1	1

A.1　　　　B.2　　　　C.3　　　　D.4

【答案】B

【解析】不合格点数项目频数、频率统计见下表。

不合格点数项目频数、频率统计表

检查项目	频数	频率/%	累计频率/%
f	75	50.0	50.0
d	45	30.0	80.0
e	15	10.0	90.0
b	8	5.3	95.3
c	4	2.7	98.0
其他	3	2.0	100.0
合计	150	100	

累计频率在0~80%的区间内,有两个项目,故主要因素有2个。B选项正确。

3.工程质量统计分析方法中,用来显示两种质量数据之间关系的是（　　）。

A.因果分析图法　　　　　　　　B.相关图法

C.直方图法　　　　　　　　　　D.控制图法

【答案】B

【解析】相关图又称为散布图,是用来观察分析两种质量数据之间相关关系的图形方法。B选项正确。

4.在质量管理中,将正常型直方图与质量标准进行比较时,可以判断生产过程的（　　）。

A.质量问题成因　　　　　　　　B.质量薄弱环节

C.计划质量能力　　　　　　　　D.实际生产过程能力

【答案】D

【解析】将正常型直方图与质量标准比较,可以判断实际生产过程能力。D选项正确。

5.工程质量统计分析中,应用控制图分析判断生产过程是否处于稳定状态,可判断生产过程为异常的情形有( )。

A.点子几乎全部落在控制界线内　　　　B.中心线一侧出现7点链

C.中心线两侧有5点连续上升　　　　　　D.点子排列显示周期性变化

E.连续11点中有10点在同侧

【答案】BDE

【解析】属于生产过程有异常的情形有:①连续7点或更多点在中心线同一侧。②连续7点或更多点呈上升或下降趋势。③连续11点中至少有10点在中心线同一侧。④连续14点中至少有12点在中心线同一侧。⑤连续17点中至少有14点在中心线同一侧。⑥连续20点中至少有16点在中心线同一侧。⑦连续3点中至少有2点和连续7点中至少有3点落在二倍标准差与三倍标准差控制界限之间。⑧点子呈周期性变化。B、D、E选项正确。

考点65　施工准备质量控制★★

1.施工组织设计是指导施工单位进行施工的实施性文件,应经( )审核签认后方可实施。

A.施工项目经理　　　B.总监理工程师　　　C.专业监理工程师　　　D.建设单位代表

【答案】B

【解析】施工单位在完成施工组织设计的编制及内部审批工作后,报请项目监理机构审查,由总监理工程师审核签认。B选项正确。

2.对涉及结构安全、节能、环境保护和主要使用功能的试块、试件及材料的见证检验应在( )的监督下现场取样、封样、送检。

A.建设单位或者项目监理机构　　　　　B.建设单位和施工单位

C.施工单位和项目监理机构　　　　　　D.建设单位、项目监理机构、施工单位

【答案】A

【解析】对涉及结构安全、节能、环境保护和主要使用功能的试块、试件及材料,应按规定进行见证检验。见证检验应在建设单位或者项目监理机构的监督下现场取样、封样、送检,检测试样应具有真实性和代表性。A选项正确。

3.混凝土预制构件出厂时的混凝土强度不得低于设计混凝土强度等级值的( )。

A.75%　　　　　　B.80%　　　　　　C.85%　　　　　　D.90%

【答案】A

【解析】混凝土预制构件出厂时的混凝土强度不得低于设计混凝土强度等级值的75%。A选项正确。

4.工程定位放线一般通过设计图中( )来确定工程(建筑物)位置,测定并经自检合格后提交有关部门和建设单位或监理人员验线,以保证定位的准确性。

A.永久性经纬坐标桩　　B.平面控制轴线　　C.水准基桩　　D.标高控制轴线

【答案】B

【解析】工程定位放线，一般通过设计图中平面控制轴线来确定工程（建筑物）位置，测定并经自检合格后提交有关部门和建设单位或监理人员验线，以保证定位的准确性。沿红线的建设工程放线后，还要由城市规划部门验线，以防止建设工程压红线或超红线，为正常、顺利地施工创造条件。B选项正确。

5.图纸会审的会议纪要应由（　　）负责整理，再由与会各方会签。

A.监理单位　　　　　　B.建设单位　　　　　　C.施工单位　　　　　　D.设计单位

【答案】C

【解析】施工单位根据自审图纸记录以及对设计意图的了解，提出对设计图纸的疑问和建议，形成"图纸会审纪要"，经与会各方会签、盖章，作为与设计文件同时使用的技术文件和指导施工的依据。C选项正确。

考点66　施工过程质量控制★★

1.质量控制点是指为保证作业过程质量而确定的（　　）。

A.薄弱环节　　　　　　　　　　　　B.主体结构部位

C.基础部位　　　　　　　　　　　　D.重点控制对象

E.关键部位

【答案】ADE

【解析】质量控制点是指为保证作业过程质量而确定的重点控制对象、关键部位或薄弱环节。设置质量控制点是保证施工质量达到质量要求的必要前提。A、D、E选项正确。

2.项目开工前的技术交底书应由施工项目技术人员编制，经（　　）批准实施。

A.总监理工程师　　　B.项目经理　　　C.专业监理工程师　　　D.项目技术负责人

【答案】D

【解析】技术交底书应由施工项目技术人员编制，并经项目技术负责人批准实施。D选项正确。

3.施工单位在对工程施工中使用的材料、半成品、构配件进行现场取样、工序活动效果检查时，由（　　）进行全程见证。

A.监理人员　　　B.安全员　　　C.项目经理　　　D.项目技术负责人

【答案】A

【解析】施工单位在对工程施工中使用的材料、半成品、构配件进行现场取样、工序活动效果检查时，由监理人员进行全程见证。A选项正确。

4.技术修改问题通常可由（　　）组织，施工单位和现场设计代表参加。

A.建设单位代表　　　　　　　　　　B.专业监理工程师

C.施工单位技术负责人　　　　　　　D.监理员

【答案】B

【解析】技术修改问题通常可由专业监理工程师组织，施工单位和现场设计代表参加，经各方同意后签字并形成纪要，作为工程变更单附件，经总监理工程师批准后实施。B选项正确。

5.施工单位提出的工程变更应填写《工程变更单》，并送交项目监理机构。（　　）根据施工单位的申请，经与设计、建设、施工单位研究并作出变更决定后，签发《工程变更单》。

A.总监理工程师　　　B.专业监理工程师　　　C.总监理工程师代表　　　D.建设单位项目负责人

【答案】A

【解析】工程变更是指施工期间，对于设计单位在设计图纸和设计文件中所表达的设计标准状态的改变和修改。在此情形下，施工单位就要求变更的问题填写《工程变更单》，送交项目监理机构。总监理工程师根据施工单位的申请，经与设计、建设、施工单位研究并作出变更决定后，签发《工程变更单》，并附设计单位提出的变更设计图纸。施工单位签收后按变更后的图纸施工。A选项正确。

考点67　施工质量检查验收★★★

1.根据《建筑工程施工质量验收统一标准》，建筑工程施工质量验收单位从小到大的正确顺序是（　　）。

A.分部工程→分项工程→检验批　　　B.分项工程→分部工程→检验批

C.检验批→分部工程→分项工程　　　D.检验批→分项工程→分部工程

【答案】D

【解析】单位工程→分部工程→分项工程→检验批，检验批是工程施工质量验收的最小单位。D选项正确。

2.检验批可根据施工质量控制和专业验收的需要，按（　　）划分。

A.工程量　　　　　　　　　　　　　B.施工段

C.楼层　　　　　　　　　　　　　　D.工程特点

E.工种

【答案】ABC

【解析】检验批应根据施工组织、质量控制和专业验收需要，按工程量、楼层、施工段划分，检验批抽样数量应符合有关专业验收标准的规定。A、B、C选项正确。

3.检验批质量验收时，认定其为质量合格的条件之一是主控项目质量（　　）。

A.抽检合格率至少达到85%　　　　　B.抽检合格率至少达到90%

C.抽检合格率至少达到95%　　　　　D.全部符合有关专业工程验收规范的规定

【答案】D

【解析】检验批质量应按主控项目和一般项目验收，并应符合下列规定：①主控项目和一般项目的确定应符合国家现行强制性工程建设标准和现行相关标准的规定。②主控项目的质量经抽样检验应全部合格。③一般项目的质量应符合国家现行相关标准的规定。④应具有完整的施工操作依据和质量验收记录。D选项正确。

4.检验批质量验收时，对于一般的质量缺陷可通过返修或更换予以解决，施工单位采取相应措施整改完成后，该检验批应（　　）进行验收。

A.重新　　　　　　B.协商后　　　　　　C.经检测鉴定后　　　　　　D.在设计单位到场后

【答案】A

【解析】当建筑工程施工质量不符合要求时，应按下列规定进行处理：

①经返工或返修的检验批，应重新进行验收。（A选项正确）

②经有资质的检测机构检测鉴定能够达到设计要求的检验批，应予以验收。

③经有资质的检测机构检测鉴定达不到设计要求，但经原设计单位核算认可能够满足安全和使用功能（要求）的检验批，可予以验收。

5.工程施工质量验收时，经加固处理的分部工程施工技术处理方案要求予以验收的前提是（　　）。

A.不影响安全和使用功能　　　　　　B.不造成永久性影响

C.不改变结构外形尺寸　　　　　　　D.不影响基本使用功能

【答案】A

【解析】经返修或加固处理的分项工程、分部工程，确认能够满足安全及使用功能要求时，应按技术处理方案和协商文件的要求予以验收。A选项正确。

考点68　施工质量事故分类★★★

1.某工程因片面追求施工进度，放松质量监控，在浇筑楼面混凝土时脚手架坍塌，造成10人死亡，15人受伤。按照事故造成的损失及事故责任分类，则该工程质量事故应判定为（　　）。

A.重大事故　　　　　　　　　　　　B.特别重大事故

C.较大事故　　　　　　　　　　　　D.指导责任事故

E.操作责任事故

【答案】AD

【解析】片面追求施工时进度，放松质量监控造成的质量事故属于指导责任事故，D选项正确。造成10人死亡属于重大事故，造成15人受伤属于较大事故，取大应判定为重大事故。A选项正确。

2.下列引发工程质量事故的原因中，属于管理原因的有（　　）。

A.施工方法选用不当　　　　　　　　B.盲目追求利润而不顾质量

C.质量控制不严格　　　　　　　　　D.特大暴雨导致质量不合格

E.检验制度不严密

【答案】CE

【解析】引发工程质量事故的原因中，管理原因主要包括：施工单位的质量管理体系不完善；质量检验制度不严密，质量控制不严；质量管理措施落实不力；检测仪器设备管理不善而失准；进料检验不严格等。C、E选项正确。

3.下列工程质量事故中，因技术原因引发的质量事故是（　　）。

A.采用了不适宜的施工工艺引发的质量事故　　B.检测仪器设备管理不善而失准引起的质量事故

C.质量管理措施落实不力引起的质量事故　　D.设备事故导致连带发生的质量事故

【答案】A

【解析】因技术原因引发的质量事故：在工程实施过程中，由于设计、施工技术上失误而造成的质量事故。技术原因主要包括：结构设计计算错误；地质情况估计错误；盲目采用技术上未成熟、实际应用中未得到充分实践检验验证其可靠的新技术；采用不适宜的施工方法或工艺等。A选项正确。

4.根据工程质量事故造成损失的程度分级，属于重大事故的有（　　）。

A.50人以上100人以下重伤　　B.3人以上10人以下死亡

C.1亿元以上直接经济损失　　D.1000万元以上5000万元以下直接经济损失

E.5000万元以上1亿元以下直接经济损失

【答案】AE

【解析】B、D选项是较大事故；C选项是特别重大事故。关于事故等级判定，如果每一备选项中给出经济损失、伤亡或死亡人数，应先分别判断每个条件所对应的事故等级，最后选择等级最高的作为该事故的等级。经济损失与人员伤亡的节点：死亡人数3人、10人、30人；重伤人数10人、50人、100人；经济损失1000万元、5000万元、1亿元。

5.在某房屋建设工程施工过程中，现浇混凝土阳台根部突然断裂，导致2人死亡、1人重伤，直接经济损失300万元。根据《关于做好房屋建筑和市政基础设施工程质量事故报告和调查处理工作的通知》（建质〔2010〕111号），该事故等级为（　　）。

A.一般事故　　B.较大事故　　C.重大事故　　D.特别重大事故

【答案】A

【解析】按照住房和城乡建设部《关于做好房屋建筑和市政基础设施工程质量事故报告和调查处理工作的通知》（建质〔2010〕111号），根据工程质量事故造成的人员伤亡或者直接经济损失，工程质量事故分为特别重大事故、重大事故、较大事故、一般事故。其中，一般事故，是指造成3人以下死亡，或者10人以下重伤，或者100万元以上1000万元以下直接经济损失的事故。A选项正确。

考点69　施工质量事故调查处理★★★

1.一般情况下，施工质量事故发生后，负责向事故发生地政府建设行政主管部门报告的是（　　）。

A.建设单位负责人　　B.事故现场管理人员　　C.施工项目负责人　　D.监理单位负责人

【答案】A

【解析】工程质量事故发生后，事故现场有关人员应当立即向本单位负责人报告；单位负责人接到报告后，应于1h内向事故发生地县级以上人民政府住房和城乡建设主管部门及有关部门报告。情况紧急时，事故现场有关人员可直接向事故发生地县级以上人民政府住房和城乡建设主管部门报告。A选项正确。

2.工程施工过程中,质量事故处理方案的类型有( )。

A.返修处理 B.返工处理

C.补强处理 D.不作处理

E.检测处理

【答案】ABD

【解析】工程质量缺陷及事故处理的基本方法:①返修处理;②加固处理;③返工处理;④限制使用;⑤不作处理;⑥报废处理。A、B、D选项正确。

3.某工程混凝土结构出现了宽度大于0.3mm的裂缝,经分析研究其不影响结构的安全和使用,可采取的处理方法是( )。

A.返修处理 B.返工处理 C.限制使用 D.不作处理

【答案】A

【解析】当工程的某些部分的质量未达到规定的规范、标准或设计的要求,存在一定的缺陷,但经过修补后可以达到要求的质量标准,又不影响使用功能或外观的要求时,可采取修补处理的方法。例如,当裂缝宽度不大于0.2mm时,可采用表面密封法;当裂缝宽度大于0.3mm时,可采用嵌缝密闭法;当裂缝较深时,则应采取灌浆修补的方法。A选项正确。

4.混凝土结构加固处理的常用方法有( )。

A.增大截面加固法 B.外包角钢加固法

C.表面密封加固法 D.嵌缝密闭加固法

E.增设支点加固法

【答案】ABE

【解析】对混凝土结构常用的加固方法主要有:增大截面加固法、外包角钢加固法、粘钢加固法、增设支点加固法、增设剪力墙加固法和预应力加固法等。C、D选项错误,属于返修处理的方法。

5.建设工程施工质量事故的处理程序中,确定处理结果是否达到预期目的、是否依然存在隐患,属于( )环节的工作。

A.事故调查 B.事故原因分析

C.制订事故处理技术方案 D.事故处理鉴定验收

【答案】D

【解析】质量事故的处理是否达到预期目的,是否仍留有隐患,应通过检查鉴定和验收作出确认。事故处理的质量检查鉴定,应严格按施工验收规范和相关质量标准的规定进行。必要时,还应通过实际测量、试验和仪表检测等方法获取必要的数据,以便准确地对事故处理结果作出鉴定,最终形成结论。D选项正确。

专题六 成本管理

导图框架

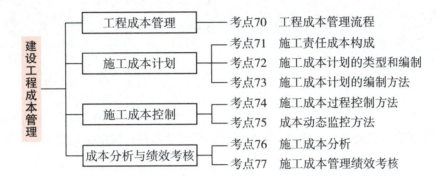

专题雷达图

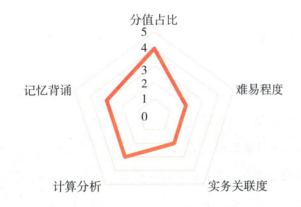

分值占比：本专题在管理考试中分值占比较高，预计分值为15分。

难易程度：本专题内容比较简单，易于理解，考点之间的关联度较高。

实务关联度：本专题与实物考试相关联的考点不多，主要考查成本控制的方法。

计算分析：本专题的计算题较多，仅次于进度管理部分，如挣值法、因素分析法等。

记忆背诵：本专题中需着重记忆的部分占比不高，需要同学们更多地去理解并记忆。

考点70 工程成本管理流程★★

1.下列建设工程项目成本管理的任务中，既是开展成本控制和分析的基础，也是成本控制主要依据的是（　　）。

A.成本预测　　　　　　　　　　　　B.成本管理绩效考核

C.成本分析　　　　　　　　　　　　D.成本计划

【答案】D

【解析】成本计划是开展成本控制和分析的基础，也是成本控制的主要依据。成本预测在计划之前，是指导成本计划的编制的基础。

2.能对成本计划的实施进行监督，保证成本计划的实现的是（　　）。

A.成本控制　　　　　　　　　　B.成本管理绩效考核

C.成本分析　　　　　　　　　　D.成本计划

【答案】A

【解析】成本控制能对成本计划的实施进行监督，保证成本计划的实现，同时在施工过程中针对成本计划是否实现进行管理把控。A选项正确。

3.属于对成本计划是否实现进行的检查，并为成本管理绩效考核提供依据的是（　　）。

A.成本预测　　　　　　　　　　B.成本管理绩效考核

C.成本分析　　　　　　　　　　D.成本计划

【答案】C

【解析】成本分析是对成本计划是否实现进行的检查，并为成本管理绩效考核提供依据。C选项正确。

4.工程成本管理是一个有机联系与相互制约的系统过程，下列关于施工成本管理各项工作之间关系的说法中不正确的是（　　）。

A.成本分析是对成本计划是否实现进行的检查，并为成本管理绩效考核提供依据

B.成本控制能对成本计划的实施进行监督，保证成本计划的实现

C.成本控制和分析是开展成本计划编制的基础

D.成本管理绩效考核是实现责任成本目标的保证和手段

【答案】C

【解析】工程成本管理各环节是一个有机联系与相互制约的系统过程。其中，成本计划是开展成本控制和分析的基础，也是成本控制的主要依据；成本控制能对成本计划的实施进行监督，保证成本计划的实现；成本分析是对成本计划是否实现进行的检查，并为成本管理绩效考核提供依据；成本管理绩效考核是实现责任成本目标的保证和手段。

5.下列关于工程成本管理各项工作之间关系的说法中正确的是（　　）。

A.成本计划能对成本控制的实施进行监督

B.成本分析是成本计划的基础

C.成本预算是实现成本目标的保证

D.成本分析为成本管理绩效考核提供依据

【答案】D

【解析】工程成本管理各环节是一个有机联系与相互制约的系统过程。其中，成本计划是开展成本控制和分析的基础（B选项错误），也是成本控制的主要依据；成本控制能对成本计划的实施进行监督（A选项

错误），保证成本计划的实现；成本分析是对成本计划是否实现进行的检查，并为成本管理绩效考核提供依据（D选项正确）；成本管理绩效考核是实现责任成本目标的保证和手段（C选项错误）。

考点71　施工责任成本构成★★

1.以履行施工合同为前提，依据施工项目预算成本，经过施工单位和项目管理机构协商确定的由项目管理机构控制的成本总额是（　　）。

A.施工责任成本　　　　　　　　　B.施工计划成本

C.施工直接成本　　　　　　　　　D.施工实际成本

【答案】A

【解析】施工责任成本是以履行施工合同为前提，依据施工项目预算成本，经过施工单位和项目管理机构协商确定的由项目管理机构控制的成本总额。

2.在下列费用中，应计入施工责任成本的有（　　）。

A.目标利润　　　　　　　　　　　B.人工费、材料费、施工机具使用费

C.措施费　　　　　　　　　　　　D.间接费

E.专业分包费

【答案】BCDE

【解析】施工责任成本由人工费、材料费、施工机具使用费、专业分包费、措施费、间接费、其他费用组成。

考点72　施工成本计划的类型和编制★★★

1.某施工企业经过投标获得了某工程的施工任务，合同签订后，公司有关部门开始选派项目经理并编制成本计划，该阶段所编制的成本计划属于（　　）。

A.竞争性成本计划　　　　　　　　B.指导性成本计划

C.实施性成本计划　　　　　　　　D.战略性成本计划

【答案】B

【解析】指导性成本计划是指在选派项目经理阶段的预算成本计划，是项目经理的责任成本目标。指导性成本计划是以合同价为依据，按照企业定额标准制定的施工成本计划，用以确定施工责任成本。

2.编制实施性成本计划的主要依据是（　　）。

A.实施方案　　　　B.施工图预算书　　　　C.签约合同价　　　　D.责任成本目标

【答案】A

【解析】实施性成本计划是指在工程项目施工准备阶段，以项目实施方案为依据，以落实项目经理责任

目标为出发点，根据企业施工定额编制的施工成本计划。

3.关于竞争性成本计划、指导性成本计划和实施性成本计划三者区别的说法，正确的是（　　）。

A.指导性成本计划是项目施工准备阶段的施工预算成本计划，比较详细

B.实施性成本计划是选派项目经理阶段的预算成本计划

C.指导性成本计划是以项目实施方案为依据编制的

D.竞争性成本计划是项目投标和签订合同阶段的估算成本计划，比较粗略

【答案】D

【解析】D选项正确，竞争性成本计划是工程项目投标及签订合同阶段的估算成本计划，总体上较为粗略。A、C选项错误，指导性成本计划是选派项目经理阶段的预算成本计划，是项目经理的责任成本目标，以合同价为依据。B选项错误，实施性成本计划是指在工程项目施工准备阶段，以项目实施方案为依据，以落实项目经理责任目标为出发点，根据企业施工定额编制的施工成本计划。

4.施工准备阶段的项目施工成本计划，应当是采用（　　）编制形成的实施性施工成本计划。

A.估算指标　　　　B.概算定额　　　　C.预算定额　　　　D.施工定额

【答案】D

【解析】实施性成本计划是指在工程项目施工准备阶段，以项目实施方案为依据，以落实项目经理责任目标为出发点，根据企业施工定额编制的施工成本计划。

5.以项目实施方案为依据，以落实项目经理责任目标为出发点，采用企业的施工定额编制形成的施工成本计划是一种（　　）成本计划。

A.竞争性　　　　B.参考性　　　　C.实施性　　　　D.战略性

【答案】C

【解析】实施性成本计划是指在工程项目施工准备阶段，以项目实施方案为依据，以落实项目经理责任目标为出发点，根据企业施工定额编制的施工成本计划。

考点73　施工成本计划的编制方法★★★

1.若按项目结构编制施工成本计划，项目应按（　　）的顺序依次进行分解。

A.单项工程→单位工程→分部工程→分项工程

B.单项工程→分部工程→单位工程→分项工程

C.单位工程→单项工程→分部工程→分项工程

D.单位工程→单项工程→分项工程→分部工程

【答案】A

【解析】大中型工程项目通常是由若干单项工程构成的，而每个单项工程又会包含多个单位工程，每个单位工程又是由若干分部分项工程所构成。因此，首先要把项目总成本分解到单项工程和单位工程中，再

进一步分解到分部工程和分项工程中。

2.下列关于编制施工项目成本计划时考虑预备费的说法中正确的是（　　）。

A.只针对整个项目考虑总预备费，以便灵活调用

B.在分析各分项工程风险基础上，只针对部分分项工程考虑预备费

C.既要针对项目考虑总预备费，也要在分项工程中安排适当的不可预见费

D.不考虑整个项目预备费，由施工企业统一考虑

【答案】C

【解析】在编制成本支出计划时，要在项目总体层面上考虑总预备费，也要在主要分项工程中安排适当的不可预见费，避免在具体编制成本计划时，发生个别单位工程或工程量表中某项内容的工程量计算有较大出入，偏离原来计划成本。

3.下列关于按工程实施阶段编制成本计划的说法中正确的是（　　）。

A.施工成本应按时间进行分解，分解得越细越好

B.首先要将总成本分解到单项工程和单位工程中

C.首先要将成本分解为人工费、材料费和施工机具使用费

D.可在控制施工进度的网络图基础上进一步扩充得到施工成本计划

【答案】D

【解析】施工成本计划可按工程实施阶段（如基础、主体、安装、装饰装修等工程施工）或月、季、年等实施进度进行编制。A选项错误。按实施进度编制施工成本计划，通常可在施工进度网络计划的基础上进一步扩充得到。即在编制施工进度网络计划时，一方面确定完成各项工作所需花费的时间，另一方面确定完成该工作的成本支出计划。B、C选项的描述均不属于按工程实施阶段编制成本计划。

4.下列时间—成本累积曲线中符合施工计划成本变化规律的是（　　）。

A.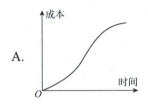

B.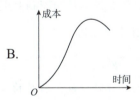

C.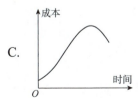

D.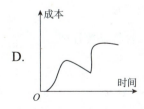

【答案】A

【解析】施工成本计划的表示方式有两种：一种是利用在时标网络图上按月编制的成本计划表示；另一种是利用时间—成本累积曲线（S曲线）表示。

5.某工程按月编制的成本计划如下图所示，若6月、8月实际成本为1000万元和700万元，其余月份的实际成本与计划成本均相同，关于该工程施工成本的说法，正确的是（　　）。

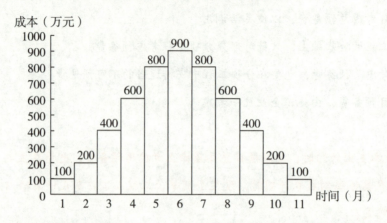

A.第6月月末计划成本累计值为3100万元　　B.第8月月末计划成本累计值为4500万元

C.第6月月末实际成本累计值为3000万元　　D.第8月月末实际成本累计值为4600万元

【答案】D

【解析】本题的计算过程如下：

6月末计划成本累计值=100+200+400+600+800+900=3000（万元）（A选项错误）。

6月末实际成本累计值=100+200+400+600+800+1000=3100（万元）（C选项错误）。

8月末计划成本累计值=100+200+400+600+800+900+800+600=4400（万元）（B选项错误）。

8月末实际成本累计值=100+200+400+600+800+1000+800+700=4600（万元）（D选项正确）。

考点74　施工成本过程控制方法★★

1.采用过程控制的方法控制施工成本时的控制要点有（　　）。

A.材料费采用量价分离原则进行控制

B.材料价格由项目经理负责控制

C.对分包费用的控制，重点是做好分包工程询价、验收和结算工作

D.实行弹性需求的劳务管理制度

E.做好施工机械配件和工程材料采购计划

【答案】ACDE

【解析】材料价格主要由材料采购部门控制。由于材料价格是由买价、运杂费、运输中的合理损耗等所组成，因此控制材料价格，主要是通过掌握市场信息，应用招标和询价等方式控制材料、设备的采购价格。

2.在施工机械使用费的控制中，从台班数量的角度进行控制的因素有（　　）。

A.加强内部调配，提高机械设备的利用率　　B.加强现场设备的维修、保养工作

C.安排好工序的衔接，避免停工、窝工　　D.加强配件的管理

E.降低材料成本

【答案】AC

【解析】从台班数量的角度进行控制的因素有：①加强内部调配，提高机械设备的利用率。②安排好工序的衔接，避免停工、窝工。③实行超产奖励办法，加快施工生产进度，提高机械设备单位时间的生产效率和利用率。④加强设备租赁计划管理，减少不必要的设备闲置和浪费，充分利用社会闲置机械资源。从台班单价的角度进行控制的因素有：①加强现场设备的维修、保养工作。②加强机械操作人员的培训工作。③加强配件的管理。④降低材料成本。⑤成立设备管理领导小组。

3.某施工项目部根据以往项目的材料实际耗用情况，结合具体施工项目要求，制定领用材料标准控制发料。这种材料用量控制方法是（　　）。

A.定额控制　　　　B.计量控制　　　　C.指标控制　　　　D.包干控制

【答案】C

【解析】对于没有消耗定额的材料，则实行计划管理和按指标控制的办法。根据以往项目的实际耗用情况，结合具体施工项目的内容和要求，制定领用材料指标，以控制发料。超过指标的材料，必须经过一定的审批手续方可领用。

4.施工成本的过程控制中，对于人工费和材料费都可以采用的控制方法是（　　）。

A.量价分离　　　　B.包干控制　　　　C.预算控制　　　　D.跟踪检查

【答案】A

【解析】人工费的控制实行"量价分离"的方法，将作业用工及零星用工按定额工日的一定比例综合确定用工数量与单价，通过劳务合同进行控制。材料费控制同样按照"量价分离"原则，控制材料用量和材料价格。

5.控制人工费支出的主要手段不包括（　　）。

A.加强劳动定额管理　　　　　　　　B.改变施工作业流程

C.降低工程耗用人工工日　　　　　　D.提高劳动生产率

【答案】B

【解析】控制人工费支出的主要手段有：加强劳动定额管理，提高劳动生产率，降低工程耗用人工工日。B选项不属于控制人工费支出的主要手段。

考点75　成本动态监控方法★★★

1.某分项工程计划工程量3000m³，计划成本15元/m³，实际完成工程量2500m³，实际成本20元/m³，则该分项工程的施工进度偏差为（　　）。

A.拖后7500元　　　B.提前7500元　　　C.拖后12500元　　　D.提前12500元

【答案】A

【解析】进度偏差（SV）=已完工程预算费用（BCWP）-拟完工程预算费用（BCWS）。

已完工程预算费用（BCWP）=已完成工作量×预算单价=2500×15=37500（元）。

拟完工程预算费用（BCWS）=计划工作量×预算单价=3000×15=45000（元）。

进度偏差（SV）=BCWP-BCWS=37500-45000=-7500（元），SV为负值，表示进度延误。

2.某土方工程，计划工程量为3000m³，预算单价为550元/m³，实际完成工程量为2800m³，实际单价为580元/m³。若运用赢得值法分析，则该项目的成本控制效果是（　　）。

A.费用偏差为8.4万元，项目运行节支

B.费用偏差为-8.4万元，项目运行节支

C.费用偏差为8.4万元，项目运行超出预算费用

D.费用偏差为-8.4万元，项目运行超出预算费用

【答案】D

【解析】费用偏差（CV）=已完工程预算费用（BCWP）-已完工程实际费用（ACWP）。

已完工程预算费用=已完成工作量×预算单价。

已完工程实际费用=已完成工作量×实际单价。

则费用偏差（CV）=2800×550-2800×580=-8.4（万元）<0，表示超出预算费用。

3.某打桩工程施工至第二个月的月底，出现了工程的费用偏差小于0，进度偏差大于0的状况。则至第二个月的月底，该打桩工程的已完工程实际费用（ACWP）、拟完工程预算费用（BCWS）和已完工程预算费用（BCWP）的关系可表示为（　　）。

A.BCWP＞ACWP＞BCWS　　　　　　　　B.BCWS＞BCWP＞ACWP

C.ACWP＞BCWP＞BCWS　　　　　　　　D.BCWS＞ACWP＞BCWP

【答案】C

【解析】费用偏差（CV）=已完工程预算费用（BCWP）-已完工程实际费用（ACWP）；进度偏差（SV）=已完工程预算费用（BCWP）-拟完工程预算费用（BCWS）。CV<0，则ACWP>BCWP；SV>0，则BCWP>BCWS。故ACWP>BCWP>BCWS。

4.某地下工程合同约定，计划1月份开挖土方80000m³，2月份开挖160000m³，合同单价均为85元/m³；计划3月份完成混凝土工程量500m³，4月份完成450m³，合同单价均为600元/m³。而至各月底，经确认的工程实际进展情况为，1月份实际开挖土方90000m³，2月份开挖180000m³，实际单价均为72元/m³；3月份和4月份实际完成的混凝土工程量均为400m³，实际单价700元/m³。到1月底，该工程的费用偏差（CV）为（　　）万元。

A.117　　　　　　B.-117　　　　　　C.85　　　　　　D.-85

【答案】A

【解析】费用偏差（CV）=已完工程预算费用（BCWP）-已完工程实际费用（ACWP）；题目问的是1月底工程费用偏差，则2、3、4月份的剩余月份的工程量无须讨论，带入数据，1月份已完工程量90000m³，计

划工程量80000m³,计划单价85元,实际单价75元,则CV=90000×(85-72)=117(万元)。

5.应用曲线法进行施工成本偏差分析时,已完工程实际成本曲线与已完工程预算成本曲线的竖向距离表示( )。

A.成本累计偏差　　　B.进度累计偏差　　　C.进度局部偏差　　　D.成本局部偏差

【答案】A

【解析】已完工程实际成本曲线与已完工程预算成本曲线的竖向距离表示成本累计偏差,相同成本水平距离代表进度累计偏差。A选项正确。

考点76　施工成本分析 ★★★

1.可以考察成本总量的构成情况及各成本项目占总成本的比重,同时也可以看出预算成本、实际成本和降低成本的比例关系,从而寻求降低成本途径的成本分析的基本方法是( )。

A.指标对比分析法　　B.构成比率法　　　C.相关比率分析法　　D.动态比率分析法

【答案】B

【解析】构成比率法又称比重分析法或结构对比分析法。通过构成比率,可以考察成本总量的构成情况及各成本项目占总成本的比重,同时也可看出预算成本、实际成本和降低成本的比例关系,从而寻求降低成本的途径。B选项正确。

2.下列施工项目成本分析的主要依据中,既可对已发生的经济活动进行核算,又可对尚未发生或正在发生的经济活动进行核算的是( )。

A.会计核算　　　　　B.成本核算　　　　C.统计核算　　　　　D.业务核算

【答案】D

【解析】业务核算不但可以核算已经完成的项目是否达到原定的目的、取得预期的效果,而且可以对尚未发生或正在发生的经济活动进行核算,以确定该项经济活动是否有经济效果,是否有执行的必要。D选项正确。

3.用比较法进行施工成本分析时,通常采用的比较形式有( )。

A.将实际指标与目标指标对比

B.本期实际指标与拟完成指标对比

C.本期实际指标与上期实际指标对比

D.与本行业平均水平对比

E.与本行业先进水平对比

【答案】ACDE

【解析】比较法又称为指标对比分析法,是通过将实际指标与目标指标对比、本期实际指标与上期实际指标对比、与本行业平均水平、先进水平对比。

4.某工程商品混凝土的目标产量为500m³，单价720元/m³，损耗率4%。实际产量为550m³，单价730元/m³，损耗率3%。采用因素分析法进行分析可知，单价提高，费用增加了（　　）元。

A.43160　　　　　　B.37440　　　　　　C.5720　　　　　　D.1705

【答案】C

【解析】按因素分析法，先以（500×720×1.04）为目标数。产量为第一替代因素，以550m³替代500m³，得到550×720×1.04=411840（元）。单价为第二替代因素，以730元替代720元，有550×730×1.04=417560（元）。所以，单价提高使费用增加了417560-411840=5720（元）。

5.下列有关施工成本分析方法的表述中正确的有（　　）。

A.因素分析法又称为连环置换法

B.采用因素分析法时，其指标的排序规则是先价值量，后实物量；先绝对值，后相对值

C.业务核算的范围比会计核算的广，但比统计核算的要窄

D.统计核算的计量尺度比会计宽

E.差额计算法是比较法的一种简化形式

【答案】AD

【解析】因素分析法因素分析法又称连环置换法，A选项正确。确定该指标是由哪几个因素组成的，并按其相互关系进行排序（先实物量，后价值量；先绝对值，后相对值），B选项错误。业务核算业务核对的范围比会计、统计核算要广，C选项错误。统计核算它的计量尺度比会计宽，可以用货币计算，也可以用实物或劳动量计量，D选项正确。差额计算法是因素分析法的一种简化形式，它利用各个因素的目标值与实际值的差额来计算其对成本的影响程度，E选项错误。

考点77　施工成本管理绩效考核★★★

1.在施工项目实施过程中或项目完成后，对各级单位施工成本管理的成绩或失误进行总结与评价，考核成本降低的实际成果和成本指标完成情况的过程是（　　）。

A.施工成本分析　　　　　　　　　　B.施工成本预测

C.施工成本管理绩效考核　　　　　　D.施工成本计划

【答案】C

【解析】施工成本管理绩效考核是指在施工项目实施过程中或项目完成后，对各级单位施工成本管理的成绩或失误进行总结与评价，考核成本降低的实际成果和成本指标完成情况的过程。通过成本考核，给予责任者相应的奖励或惩罚。

2.企业对项目成本的考核包括对（　　）的考核。

A.项目成本目标和阶段成本目标完成情况

B.成本管理工作业绩

C.建立以项目经理为核心的成本管理责任制的落实情况

D.施工成本目标（降低额）完成情况的考核

E.成本计划的编制和落实情况

【答案】BD

【解析】企业对项目成本的考核包括对施工成本目标（降低额）完成情况的考核和成本管理工作业绩的考核。B、D选项正确。

3.企业对项目管理机构可控责任成本的考核包括（　　）。

A.在成本管理中贯彻责权利相结合原则的执行情况

B.对各部门、各施工队和班组责任成本的检查和考核情况

C.成本计划的编制和落实情况

D.成本管理工作业绩

E.建立以项目经理为核心的成本管理责任制的落实情况

【答案】ABCE

【解析】企业对项目管理机构可控责任成本的考核：①项目成本目标和阶段成本目标完成情况。②建立以项目经理为核心的成本管理责任制的落实情况。③成本计划的编制和落实情况。④对各部门、各施工队和班组责任成本的检查和考核情况。⑤在成本管理中贯彻责权利相结合原则的执行情况。

4.企业的项目成本考核指标有（　　）。

A.目标总成本降低额　　　　　　　B.项目施工成本降低率

C.施工责任目标成本实际降低率　　D.项目施工成本降低额

E.施工计划成本实际降低额

【答案】BD

【解析】企业项目成本考核指标的计算公式如下：

项目施工成本降低额=项目施工合同成本−项目实际施工成本；

项目施工成本降低率=项目施工成本降低额÷项目施工合同成本×100%。

5.成本管理绩效考核方法包括（　　）等。

A.责任管理法　　　　　　　　　　B.PDCA管理循环法

C.360°反馈法　　　　　　　　　　D.关键绩效指标

E.平衡积分卡

【答案】BCDE

【解析】成本管理绩效考核方法：①关键绩效指标。②360°反馈法。③PDCA管理循环法。④平衡积分卡。⑤目标管理法。

专题七 安全管理

导图框架

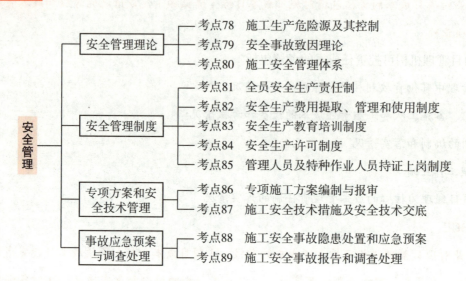

专题雷达图

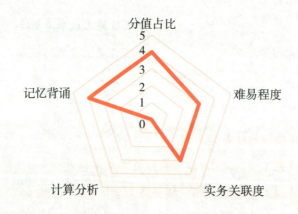

分值占比： 本专题在管理考试中分值占比较高，预计分值为15分。

难易程度： 本专题考点较多，整体内容与实际工作联系较为紧密，学习难度相对不高。

实务关联度： 本专题与实物考试有一定关联性。比如，施工安全技术交底，生产安全事故隐患处置等内容。

计算分析： 本专题基本不会考查计算题。

记忆背诵： 本专题中需记忆部分占比较高，多以浏览、熟悉为主，辅以做题来巩固记忆。

考点78　施工生产危险源及其控制★★★

1.下列施工现场的危险源中属于第一类危险源的是（　　）。

A.现场存放大量二氧化硫　　　　　　B.工人焊接操作不规范

C.油漆存放没有相应的防护设施　　　D.焊接设备缺乏维护保养

【答案】A

【解析】第一类危险源是指施工现场或施工生产过程中存在的，可能发生意外释放能量（机械能、电能、势能、化学能、热能等）的根源，包括施工现场或施工生产过程中各种能量或危险物质。B、C、D选项均属于第二类危险源。

2.下列施工现场的危险源中属于第二类危险源的有（　　）。

A.作业中的施工机具　　　　　　　　B.违规进入危险区域

C.物件堆放不当　　　　　　　　　　D.擅自拆除安全装置或设施

E.个人防护用品与用具失能

【答案】BCDE

【解析】第二类危险源是指导致能量或危险物质约束或限制措施破坏或失效，以及防护措施缺乏或失效的因素。包括：物的不安全状态（危险状态）、人的不安全行为、环境不良（环境不安全条件）及管理缺陷等因素。

3.下列风险控制方法中属于第一类危险源控制的是（　　）。

A.提高各类设施的可靠性　　　　　　B.限制能量和隔离危险物质

C.设置安全监控系统　　　　　　　　D.加强员工的安全意识教育

【答案】B

【解析】第一类危险源是固有的能量或危险物质，主要采用技术手段加以控制，包括消除能量源、约束或限制能量（针对生产过程不能完全消除的能量源）、屏蔽隔离、防护等技术手段，同时应落实应急预案的保障措施。

4.下列危险源控制方法中可用于控制第二类危险源的是（　　）。

A.采取应急救援方法　　　　　　　　B.建立健全危险源管理规章制度

C.隔离危险物质　　　　　　　　　　D.限制能量释放

【答案】B

【解析】第二类危险源主要通过管理手段加以控制，禁止人的不安全行为、物的不安全状态、规避环境不良（不安全）条件，包括建立健全危险源管理规章制度，做好危险源控制管理基础工作，明确控制责任，加强安全教育，定期开展安全检查和隐患治理，实施考核评价和奖惩等。A、C、D选项均属于第一类危险源的控制方法。

考点79　安全事故致因理论★★★

1.某建筑企业对近10年发生的人身伤害类事故进行了统计分析，发现性格内向不爱说话的员工发生事故的概率相对较高，该企业决定在下一步增加心理测试环节以避免该类人员从事高风险工作。根据事故理论，该企业人员以及岗位适配的做法，符合的理论是（　　）。

A.能量意外释放理论　　B.事故轨迹交叉理论　　C.瑞士奶酪模型理论　　D.事故频发倾向理论

【答案】D

【解析】事故频发倾向理论的观点是事故的发生主要是由人的因素引起的，同时认为事故频发倾向者的存在是事故发生的主要原因。

2.海因里希事故因果连锁过程概括为五要素，并用多米诺骨牌来形象地描述这种事故因果连锁关系。下列描述事故发生五要素的选项中，正确的顺序和内容是（　　）。

A.人的缺点、人的不安全行为或物的不安全状态、能量意外释放、事故、伤害

B.遗传及社会环境、人的缺点、人的不安全行为或物的不安全状态、事故、伤害

C.人的缺点、管理缺陷、人的不安全行为或物的不安全状态、事故、伤害

D.遗传及社会环境、人的缺点、屏蔽失效、事故、伤害

【答案】B

【解析】事故因果连锁论认为，事故的发生不是一个孤立事件，是一系列互为因果的原因事件相继发生的结果。海因里希最初提出的事故因果连锁过程包括5个因素。5个因素及其连锁关系是：遗传及社会环境→（诱发）人的缺点→（造成）人的不安全行为或物的不安全状态→（发生）事故→（导致）伤害。它们之间的关系可以用多米诺骨牌形象地描述。

3.某建筑公司在提高职工安全管理素质的培训过程中，提出了"我司危险源比较多，不可能根除一切危险源和危险，所以宁可减少总的危险性，而不是只彻底消除几种选定的危险"的观点。该观点符合事故致因理论中的（　　）。

A.海因里希因果连锁理论　　　　　　B.能量意外释放理论

C.系统理论　　　　　　　　　　　　D.事故频发倾向理论

【答案】C

【解析】系统理论的主要观点之一为不可能根除一切危险源和危险，可以减少来自现有危险源的危险性，应减少总的危险性而不是只消除几种选定的危险。

4.根据能量意外释放论，可以利用各种屏蔽来防止意外的能量转移，从而防止事故的发生。防止能量意外释放的措施包括（　　）。

A.防止能量蓄积　　　　　　　　　　B.用安全的能源代替不安全的能源

C.在时间和空间上把能量与人体隔离　　D.完善管理缺陷

E.缓慢地释放能量

【答案】ABCE

【解析】根据能量意外释放理论,应该通过控制能量或控制作为能量达及人体媒介的能量载体来预防伤害事故。预防安全事故的思路一是防止能量或危险物质的意外释放,二是防止人体与过量的能量或危险物质接触;约束、限制人体与能量接触的措施称为屏蔽。基本预防措施有:①用安全的能源代替不安全的能源;②限制能量;③防止能量蓄积;④缓慢地释放能量;⑤设置屏蔽设施;⑥在时间和空间上把能量与人体隔离。

考点80　施工安全管理体系★★

1.在施工安全管理常见的缺陷中,属于安全生产责任制常见缺陷的有（　　）。

A.未建立责任目标考核制度

B.未编制安全资金使用计划

C.未按施工组织设计、专项施工方案组织实施

D.未进行安全责任目标分解

E.未制定安全生产管理目标

【答案】ADE

【解析】安全生产责任制常见缺陷:①未建立安全生产责任制;②安全生产责任制不健全、未经审核及责任人签字确认;③未制定安全生产管理目标;④未进行安全责任目标分解;⑤未明确安全生产考核指标;⑥未建立责任目标考核制度;⑦未按考核制度对责任人员定期考核。

2.在施工安全管理常见的缺陷中,属于安全生产投入常见缺陷的有（　　）。

A.未配置应急救援器材和设备　　　　B.未按规定配备专职安全员

C.未编制安全资金使用计划　　　　　D.未制定项目安全资金保障制度

E.未按安全资金使用计划实施

【答案】CDE

【解析】安全生产投入常见缺陷:①未制定项目安全资金保障制度;②未编制安全资金使用计划;③未按安全资金使用计划实施。

3.在施工安全管理常见的缺陷中,属于人员配备及持证上岗常见缺陷的有（　　）。

A.未经培训从事施工、安全管理和特种作业

B.项目负责人、专职安全员和特种作业人员未持证上岗

C.未与分包单位签订安全生产协议书

D.未按规定配备专职安全员

E.未做好安全检查记录

【答案】ABD

【解析】人员配备及持证上岗常见缺陷:①未按规定配备专职安全员;②项目负责人、专职安全员和特

种作业人员未持证上岗；③未经培训从事施工、安全管理和特种作业。

4.在施工安全管理常见的缺陷中，属于施工组织设计及专项施工方案常见缺陷的有（　　）。

A.危险性较大的分部分项工程未编制专项施工方案

B.未按规定对超过一定规模危险性较大的分部分项工程专项施工方案进行专家论证

C.未按考核制度对责任人员定期考核

D.施工组织设计、专项施工方案未经审批

E.未按施工组织设计、专项施工方案组织实施

【答案】ABDE

【解析】施工组织设计及专项施工方案常见缺陷：①施工组织设计中未制定安全技术措施；②施工组织设计、专项施工方案未经审批；③安全措施、专项施工方案无针对性或缺少计算书；④危险性较大的分部分项工程未编制专项施工方案；⑤未按规定对超过一定规模危险性较大的分部分项工程专项施工方案进行专家论证；⑥未按施工组织设计、专项施工方案组织实施。

5.关于施工安全生产目标的说法，正确的有（　　）。

A.特殊工种持证上岗率100% B.死亡率为零

C.月轻伤频率在0.5%以下 D.安全防护设施使用率100%

E.建筑施工安全检查得分率80%以上

【答案】ABD

【解析】施工安全生产目标分为伤亡控制目标和安全管理效果目标。①伤亡控制目标：如杜绝伤亡事故，死亡率为零，重伤率为零，月轻伤频率在0.3%以下（B选项正确，C选项错误）。②安全管理效果目标：包括安全管理工作落实效果和安全管理总体效果。前者如安全教育合格率100%，特殊工种持证上岗率100%，施工现场安全各项设施合格率100%，安全防护设施使用率100%，劳动保护用品及防护用品使用率100%等；后者如建筑施工安全检查得分率90%以上，创建安全文明工地等（A、D选项正确，E选项错误）。

6.按照"管业务必须管安全"的原则明确各层级、各岗位的安全生产管理职责，建立健全安全生产责任体系是施工安全管理体系中的（　　）。

A.组织保证体系 B.文化保证体系

C.制度保证体系 D.工作保证体系

【答案】A

【解析】组织是实施目标管理的基础，工程项目部应配备项目管理人员，划分工作岗位和职责，按照"管业务必须管安全"的原则明确各层级、各岗位安全生产管理职责，建立健全安全生产责任体系。

7.（　　）为工程项目安全生产第一责任人。

A.总监理工程师　　B.技术负责人　　C.安全负责人　　D.项目经理

【答案】D

【解析】项目经理应为工程项目安全生产第一责任人。

考点81 全员安全生产责任制★★★

1.企业应当建立健全以（　　）为核心的安全管理制度体系。

A.全员安全生产责任制　　　　　　　　B.安全生产规章制度和操作规程

C.日常安全管理　　　　　　　　　　　D.安全投入和物资管理

【答案】A

【解析】全员安全生产责任制是企业所有安全生产管理制度的核心，是企业最基本的安全管理制度。

2.施工企业最基本的安全管理制度是（　　）。

A.安全生产检查制度　　　　　　　　　B.安全生产许可证制度

C.全员安全生产责任制度　　　　　　　D.安全生产教育培训制度

【答案】C

【解析】全员安全生产责任制是企业所有安全生产管理制度的核心，是企业最基本的安全管理制度，其他安全生产管理制度的建立、执行、修订完善，离不开各岗位相关责任的支持。

3.施工企业全员安全生产责任制度应当覆盖的范围是（　　）。

A.纵向从最高管理者到专职安全生产管理人员，横向涵盖各职能部门

B.纵向从最高管理者到专职安全生产管理人员，横向涵盖各项目负责人

C.纵向从最高管理者到班组长和岗位人员，横向涵盖各职能部门

D.纵向从最高管理者到班组长和岗位人员，横向涵盖各项目负责人

【答案】C

【解析】全员安全生产责任制应包括所有从业人员的安全生产责任，明确从主要负责人到一线从业人员（含劳务派遣人员、实习学生等）的安全生产责任、责任范围和考核标准。从人员安全生产责任角度看，要"横向到边、纵向到底"。纵向应包括从最高管理者、管理者代表到项目负责人、技术负责人、专职安全生产人员、专业管理岗位人员（施工员、质量员、材料员等）、班组长和各操作岗位等各级人员的安全生产职责，横向应包括单位所有职能部门（如技术、安全、环保、财务、人事、采购等）管理者和各岗位的安全生产职责，做到全员每个岗位都有明确的安全生产职责，并与相应的职务、岗位匹配。

4.生产经营单位安全生产第一责任人是（　　）。

A.项目经理　　　　　　　　　　　　　B.项目安全生产管理人员

C.企业主要负责人　　　　　　　　　　D.企业安全生产管理机构负责人

【答案】C

【解析】企业主要负责人是本单位安全生产第一责任人，对本单位的安全生产工作全面负责。

5.建筑施工企业主要负责人对本单位安全生产工作的法定职责有（　　）。

A.组织制定并实施本单位安全生产教育和培训计划

B.组织制定并实施本单位的生产安全事故应急救援预案

C.保证本单位安全生产投入的有效实施

D.及时、如实调查生产安全事故

E.建立健全并落实本单位全员安全生产责任制，加强安全生产标准化建设

【答案】ABCE

【解析】主要负责人对本单位安全生产工作的法定职责：①建立健全并落实本单位全员安全生产责任制，加强安全生产标准化建设（E选项正确）；②组织制定并实施本单位安全生产规章制度和操作规程；③组织制定并实施本单位安全生产教育和培训计划（A选项正确）；④保证本单位安全生产投入的有效实施（C选项正确）；⑤组织建立并落实安全风险分级管控和隐患排查治理双重预防工作机制，督促、检查本单位的安全生产工作，及时消除生产安全事故隐患；⑥组织制定并实施本单位的生产安全事故应急救援预案（B选项正确）；⑦及时、如实报告生产安全事故（D选项错误）。

6.安全生产管理机构及安全生产管理人员的法定职责有（　　）。

A.组织开展危险源辨识和评估，督促落实本单位重大危险源的安全管理措施

B.制止和纠正违章指挥、强令冒险作业、违反操作规程的行为

C.组织建立并落实安全风险分级管控和隐患排查治理双重预防工作机制

D.组织或者参与拟订本单位安全生产规章制度、操作规程和生产安全事故应急救援预案

E.组织或者参与本单位应急救援演练

【答案】ABDE

【解析】安全生产管理机构及安全生产管理人员的法定职责如下：①组织或者参与拟订本单位安全生产规章制度、操作规程和生产安全事故应急救援预案（D选项正确）；②组织或者参与本单位安全生产教育和培训，如实记录安全生产教育和培训情况；③组织开展危险源辨识和评估，督促落实本单位重大危险源的安全管理措施（A选项正确）；④组织或者参与本单位应急救援演练（E选项正确）；⑤检查本单位的安全生产状况，及时排查生产安全事故隐患，提出改进安全生产管理的建议；⑥制止和纠正违章指挥、强令冒险作业、违反操作规程的行为（B选项正确）；⑦督促落实本单位安全生产整改措施。组织建立并落实安全风险分级管控和隐患排查治理双重预防工作机制属于企业主要负责人对本单位安全生产工作的法定职责。

考点82　安全生产费用提取、管理和使用制度 ★★★

1.企业安全生产费用管理的原则有（　　）。

A.管理有序　　　　　　　　　　B.监督有效

C.支出有据　　　　　　　　　　D.提取有批

E.筹措有章

【答案】ABCE

【解析】企业安全生产费用管理原则：①筹措有章。统筹发展和安全，依法落实企业安全生产投入主体

责任，足额提取。②支出有据。企业根据生产经营实际需要，据实开支符合规定的安全生产费用。③管理有序。企业专项核算和归集安全生产费用，真实反映安全生产条件改善投入，不得挤占、挪用。④监督有效。建立健全企业安全生产费用提取和使用的内外部监督机制，按规定开展信息披露和社会责任报告。

2.建设工程施工企业以建筑安装工程造价为依据，在（　　）按工程进度计算提取企业安全生产费用。

A.年末

B.月末

C.季度末

D.开工前

【答案】B

【解析】建设工程施工企业以建筑安装工程造价为依据，于月末按工程进度计算提取企业安全生产费用。

3.某城市轨道交通工程，于月末按工程进度计算提取企业安全生产费用的标准为建筑安装工程造价的（　　）。

A.3.5%　　　　B.3%　　　　C.2.5%　　　　D.2%

【答案】B

【解析】建设工程施工企业以建筑安装工程造价为依据，于月末按工程进度计算提取企业安全生产费用。提取标准为：①矿山工程3.5%。②铁路工程、房屋建筑工程、城市轨道交通工程3%。③水利水电工程、电力工程2.5%。④冶炼工程、机电安装工程、化工石油工程、通信工程2%。⑤市政公用工程、港口与航道工程、公路工程1.5%。

4.某市政公用工程，于月末按工程进度计算提取企业安全生产费用的标准为建筑安装工程造价的（　　）。

A.3.5%　　　　B.3%　　　　C.2.5%　　　　D.1.5%

【答案】D

【解析】建设工程施工企业以建筑安装工程造价为依据，于月末按工程进度计算提取企业安全生产费用。提取标准为：①矿山工程3.5%；②铁路工程、房屋建筑工程、城市轨道交通工程3%；③水利水电工程、电力工程2.5%；④冶炼工程、机电安装工程、化工石油工程、通信工程2%；⑤市政公用工程、港口与航道工程、公路工程1.5%。

考点83　安全生产教育培训制度★★★

1.李某是一家建筑施工企业的安全生产管理人员，王某是该企业的主要负责人，刘某是该公司新入职的技术员。下列关于安全教育培训学时的说法中正确的是（　　）。

A.李某初次安全培训时间不得少于32学时

B.王某初次安全培训时间不得少于48学时

C.王某每年再培训时间不得少于16学时

D.刘某初次安全培训时间不得少于32学时

【答案】A

【解析】企业主要负责人和安全生产管理人员初次安全培训时间不得少于32学时；企业新上岗的从业人员，岗前安全培训时间不得少于24学时；每年再培训时间不得少于12学时。

2.从业人员在本单位内调整工作岗位或离岗一年以上重新上岗时，应重新接受（　　）的安全培训。

A.项目部和班组级　　　　　　　　　　B.企业、项目部和班组级

C.企业和项目部　　　　　　　　　　　D.企业和班组级

【答案】A

【解析】从业人员在本单位内调整工作岗位或离岗一年以上重新上岗时，应重新接受项目部和班组级的安全培训。

考点84　安全生产许可制度★★★

1.安全生产许可证的有效期为（　　）年。

A.2　　　　　　B.3　　　　　　C.5　　　　　　D.6

【答案】B

【解析】安全生产许可证的有效期为3年。安全生产许可证有效期满需要延期的，企业应当于期满前3个月向原安全生产许可证颁发管理机关办理延期手续。

2.施工企业在安全生产许可证有效期内，严格遵守有关安全生产的法律法规，未发生死亡事故的，安全生产许可证期满时，经原安全生产许可证的颁发管理机关同意，可不再审查，其有效期延期（　　）年。

A.1　　　　　　B.3　　　　　　C.2　　　　　　D.5

【答案】B

【解析】企业在安全生产许可证有效期内，严格遵守有关安全生产的法律法规，未发生死亡事故的，安全生产许可证有效期届满时，经原安全生产许可证颁发管理机关同意，不再审查，安全生产许可证有效期延期3年。

3.管理人员和作业人员至少每（　　）进行一次安全生产教育培训并考核合格。

A.1年　　　　　B.2年　　　　　C.半年　　　　　D.3年

【答案】A

【解析】管理人员和作业人员每年至少进行一次安全生产教育培训并考核合格。

考点85　管理人员及特种作业人员持证上岗制度★★★

1.关于特种作业人员应具备的条件，下列说法中正确的是（　　）。

A.具备必要的安全技术知识与技能　　　B.必须为男性

C.连续从事特种工作10年以上　　　　　D.年满16周岁且不超过国家法定退休年龄

【答案】A

【解析】特种作业人员应符合下列条件：①年满18周岁，且不超过国家法定退休年龄（D选项错误）；②经社区或者县级以上医疗机构体检健康合格，并无妨碍从事相应特种作业的器质性心脏病、癫痫病、美尼尔氏症、眩晕症、癔病、震颤麻痹症、精神病、痴呆症及其他疾病和生理缺陷；③具有初中及以上文化程度；④具备必要的安全技术知识与技能（A选项正确）；⑤相应特种作业规定的其他条件。B、C选项错误，"必须为男性""连续从事特种工作10年以上"不在符合的条件以内。

2.对施工特种作业人员安全教育的管理要求有（　　）。

A.特种作业操作证每5年复审一次

B.上岗作业前必须进行专门的安全技术培训

C.培训考核合格取得操作证后才可独立作业

D.培训和考核的重点是安全技术基础知识

E.特种作业操作证的复审时间可有条件延长至6年一次

【答案】BCE

【解析】特种作业操作证每3年复审1次，A选项错误。特种作业人员在特种作业操作证有效期内，连续从事本工种10年以上，严格遵守有关安全生产法律法规的，经原考核发证机关或者从业所在地考核发证机关同意，特种作业操作证的复审时间可以延长至每6年1次，E选项正确。特种作业人员上岗作业前，必须进行专门的安全技术和操作技能的培训教育。重点放在提高其安全操作技术和预防事故的实际能力上。培训后，经考核合格方可取得操作证，并准许独立作业。B、C选项正确，D选项错误。

考点86　专项施工方案编制与报审 ★★★

1.根据《建设工程安全生产管理条例》，施工单位针对达到一定规模的危险性较大的分部分项工程编制的专项施工方案，需经（　　）签字后才可实施。

A.施工项目经理和建设单位技术负责人

B.施工单位法定代表人和建设单位技术负责人

C.施工单位技术负责人和总监理工程师

D.建设单位技术负责人和总监理工程师

【答案】C

【解析】对达到一定规模的危险性较大的分部分项工程编制专项施工方案，并附具安全验算结果，经施工单位技术负责人、总监理工程师签字后实施，由专职安全生产管理人员进行现场监督。

2.根据《建设工程安全生产管理条例》，施工单位对达到一定规模的危险性较大的分部分项工程应当编制专项施工方案，由（　　）进行现场监督。

A.项目经理　　　　　　　　　　　　B.项目技术负责人

C.专业监理工程师　　　　　　　　D.专职安全生产管理人员

【答案】D

【解析】达到一定规模的危险性较大的分部分项工程应编制专项施工方案，并附具安全验算结果，经施工单位技术负责人、总监理工程师签字后实施，由专职安全生产管理人员进行现场监督。

3.根据《建设工程安全生产管理条例》，施工单位应编制专项施工方案并组织专家论证、审查的分部分项工程有（　　）。

A.拆除工程　　　　　　　　　　B.深基坑工程

C.地下暗挖工程　　　　　　　　D.起重吊装工程

E.高大模板工程

【答案】BCE

【解析】工程中涉及深基坑、地下暗挖工程、高大模板工程的专项施工方案，施工单位应当组织专家进行论证、审查。

4.对于超过一定规模的危险性较大的分部分项工程的专项施工方案，需要由（　　）组织召开专家论证会。

A.建设单位　　　　B.监理单位　　　　C.施工单位　　　　D.分包单位

【答案】C

【解析】对于超过一定规模的危险性较大的分部分项工程，施工单位应组织召开专家论证会对专项施工方案进行论证。

考点87　施工安全技术措施及安全技术交底★★★

1.下列关于防护栏杆安全技术要求规定的说法中正确的是（　　）。

A.防护栏杆应为两道横杆，上杆距地面高度应为1.1m，下杆应在上杆和挡脚板中间设置

B.当防护栏杆高度大于1m时，应增设横杆，横杆间距不应大于500mm

C.防护栏杆立杆间距不应大于2m

D.挡脚板高度不应小于120mm

【答案】C

【解析】临边作业防护栏杆应由横杆、立杆及挡脚板组成，防护栏杆应符合下列规定：①防护栏杆应为两道横杆，上杆距地面高度应为1.2m，下杆应在上杆和挡脚板中间设置（A选项错误）。②当防护栏杆高度大于1.2m时，应增设横杆，横杆间距不应大于600mm（B选项错误）。③防护栏杆立杆间距不应大于2m（C选项正确）。④挡脚板高度不应小于180mm（D选项错误）。⑤防护栏杆立杆底端应固定牢固。

2.单独设置的操作平台应设置供人上下、踏步间距不大于（　　）mm的扶梯。

A.350　　　　　　B.400　　　　　　C.450　　　　　　D.500

【答案】B

【解析】操作平台临边应设置防护栏杆，单独设置的操作平台应设置供人上下、踏步间距不大于400mm的扶梯。

3.按照国家标准《安全帽测试方法》（GB/T 2812—2006）中规定的方法测试，安全帽的性能要求包括（　　）。

A.隔热性能　　　　　　　　　　　　B.冲击吸收性能

C.耐穿刺性能　　　　　　　　　　　D.侧向刚性

E.耐低温性能

【答案】BCDE

【解析】安全帽的基本技术性能要求包括冲击吸收性能、耐穿刺性能、侧向刚性、电绝缘性、阻燃性、耐低温性能等。

4.为保证施工质量，在项目开工前，应由（　　）向分包单位技术负责人进行书面技术交底。

A.施工企业技术负责人　　　　　　　B.施工项目经理

C.项目技术负责人　　　　　　　　　D.总监理工程师

【答案】C

【解析】首由项目技术负责人向施工员、班组长、分包单位技术负责人交底，再由班组长向操作工人交底；分包单位项目技术负责人按照相同程序进行交底；对于超过一定规模的危险性较大分部分项工程，必须先由施工单位技术负责人向项目技术负责人交底。

5.施工安全技术交底的主要内容包括（　　）。

A.项目成员分工情况　　　　　　　　B.工程项目和分部分项工程的概况

C.施工项目的施工作业特点和危险点　D.针对危险点的具体预防措施

E.作业人员发现事故隐患应采取的措施

【答案】BCDE

【解析】施工安全技术交底的主要内容：①工程项目和分部分项工程的概况；②施工项目的施工作业特点和危险点；③针对危险点的具体预防措施；④作业中应遵守的安全操作规程及应注意的安全事项；⑤作业人员发现事故隐患应采取的措施；⑥发生事故后应及时采取的避难和急救措施。

考点88　施工安全事故隐患处置和应急预案★★★

1.安全风险等级从高到低划分为重大风险、较大风险、一般风险和低风险，其中黄色标示的是（　　）。

A.重大风险　　　　　　　　　　　　B.较大风险

C.一般风险　　　　　　　　　　　　D.低风险

【答案】C

【解析】安全风险等级从高到低划分为重大风险、较大风险、一般风险和低风险，分别用红、橙、黄、蓝四种颜色标示。

2.安全事故隐患治理"五落实"包括（　　）等。

A.落实隐患排查治理资金　　　　　　B.落实隐患排查治理时限

C.落实隐患排查治理措施　　　　　　D.落实隐患排查治理人员

E.落实隐患排查治理责任

【答案】ABCE

【解析】安全事故隐患治理"五落实"：①落实隐患排查治理责任；②落实隐患排查治理措施；③落实隐患排查治理资金；④落实隐患排查治理时限；⑤落实隐患排查治理预案。

3.施工生产安全事故应急预案体系由（　　）构成。

A.综合应急预案、专项应急预案、现场处置方案

B.综合应急预案、单项应急预案、重点应急预案

C.企业应急预案、项目应急预案、人员应急预案

D.企业应急预案、职能部门应急预案、项目应急预案

【答案】A

【解析】施工生产安全事故应急预案体系由综合应急预案、专项应急预案、现场处置方案构成。

4.某项目部针对重大活动防止生产安全事故而制定的事故应急预案是（　　）。

A.专项应急预案　　　B.综合应急预案　　　C.现场应急预案　　　D.现场处置预案

【答案】A

【解析】专项应急预案是指企业为应对某一种或者多种类型生产安全事故，或者针对重要生产设施、重大危险源、重大活动防止生产安全事故而制定的专项性工作方案。

5.企业根据不同生产安全事故类型，针对具体场所、装置或者设施所制定的应急处置措施的是（　　）。

A.综合应急预案　　　B.专项应急预案　　　C.现场处置方案　　　D.分项应急预案

【答案】C

【解析】现场处置方案是指企业根据不同生产安全事故类型，针对具体场所、装置或者设施所制定的应急处置措施。

6.施工单位的生产安全事故应急预案经评审或论证后，应由（　　）向本单位从业人员公布。

A.施工单位所在地应急管理部门　　　　B.施工单位主要负责人

C.施工单位法定代表人　　　　　　　　D.施工单位生产安全管理部门负责人

【答案】B

【解析】应急预案经评审或者论证后，由本单位主要负责人签署，向本单位从业人员公布，并及时发放。

7.关于安全事故应急预案的说法，正确的是（　　）。

A.生产经营单位的安全生产管理专家可参加本单位应急预案评审

B.企业应在应急预案公布之日起15个工作日内,向上一级人民政府应急管理部门进行备案

C.建筑施工单位应至少每半年组织一次生产安全事故应急预案演练

D.建筑施工企业应当每两年进行一次应急预案评估

【答案】C

【解析】A选项错误,参加应急预案评审的人员可包括有关安全生产及应急管理方面的、有现场处置经验的专家。评审人员与所评审应急预案的企业有利害关系的,应当回避。B选项错误,企业应在应急预案公布之日起20个工作日内,按照分级属地原则,向县级以上人民政府应急管理部门和其他负有安全生产监督管理职责的部门进行备案,并依法向社会公布。D选项错误,建筑施工企业应当每三年进行一次应急预案评估。

考点89　施工安全事故报告和调查处理★★★

1.根据《生产安全事故报告和调查处理条例》,下列生产安全事故中属于重大事故的有（　　）。

A.造成1人死亡,50人重伤,直接经济损失4000万元

B.造成6人死亡,10人重伤,直接经济损失6000万元

C.造成3人死亡,40人重伤,直接经济损失4000万元

D.造成4人死亡,20人重伤,直接经济损失5000万元

E.造成5人死亡,30人重伤,直接经济损失3000万元

【答案】ABD

【解析】重大生产安全事故：是指造成10人及以上30人以下死亡,或者50人及以上100人以下重伤,或者5000万元及以上1亿元以下直接经济损失的事故。A、B、D选项正确,描述的事故等级为重大事故。C、E选项错误,描述的事故等级为较大事故。

2.实行施工总承包的,由（　　）组织编制建设工程生产安全事故应急救援预案。

A.建设单位　　　　B.总承包单位　　　　C.监理单位　　　　D.分包单位

【答案】B

【解析】实行施工总承包的,由总承包单位统一组织编制建设工程生产安全事故应急救援预案,工程总承包单位和分包单位按照应急救援预案,各自建立应急救援组织或者配备应急救援人员,配备救援器材、设备,并定期组织演练。

3.下列关于施工单位事故报告的说法中正确的是（　　）。

A.施工单位负责人在接到安全事故报告后,应当在24h内向有关部门报告

B.安全事故发生后,最先发现事故的人员应立即向施工单位负责人报告

C.实行施工总承包的建设工程,由建设单位负责上报事故

D.安全事故发生后情况紧急时,事故现场人员可直接向建设单位负责人报告

【答案】B

【解析】A选项错误，单位负责人接到报告后，应当于1h内向事故发生地县级以上人民政府应急管理部门和负有安全生产监督管理职责的有关部门报告。C选项错误，由总承包单位负责上报事故。D选项错误，情况紧急时，事故现场有关人员可以直接向事故发生地县级以上人民政府应急管理部门和负有安全生产监督管理职责的有关部门报告。

4.根据《生产安全事故报告和调查处理条例》，下列关于事故调查的说法中正确的有（　　）。

A.特别重大事故由国务院或国务院授权有关部门组织事故调查组进行调查

B.重大事故、较大事故由事故发生地省级人民政府负责调查

C.未造成人员伤亡的一般事故，县级人民政府可以委托事故发生单位组织事故调查组进行调查

D.事故发生地与事故发生单位不在同一个县级以上行政区域的，由事故发生地人民政府负责调查

E.事故调查组应当自事故发生之日起45日内提交事故调查报告

【答案】AC

【解析】A选项正确，特别重大生产安全事故由国务院或者国务院授权有关部门组织事故调查组进行调查。B选项错误，重大事故、较大事故分别由事故发生地省级人民政府、设区的市级人民政府负责调查。C选项正确，未造成人员伤亡的一般事故，县级人民政府也可以委托事故发生单位组织事故调查组进行调查。D选项错误，特别重大事故以下等级事故，事故发生地与事故发生单位不在同一个县级以上行政区域的，由事故发生地人民政府负责调查，事故发生单位所在地人民政府应当派人参加。E选项错误，事故调查组应当自事故发生之日起60日内提交事故调查报告。

5.负责重大事故调查的人民政府应当自收到事故调查报告之日起（　　）日内做出批复。

A.15　　　　　　　　B.30　　　　　　　　C.45　　　　　　　　D.60

【答案】A

【解析】重大事故、较大事故、一般事故，负责事故调查的人民政府应当自收到事故调查报告之日起15日内做出批复；特别重大事故，30日内做出批复，特殊情况下，批复时间可以适当延长，但延长的时间最长不超过30日。

专题八　绿色建造与环境管理

导图框架

专题雷达图

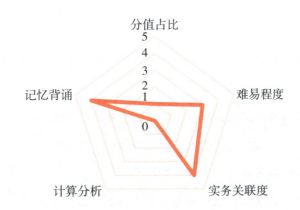

分值占比：本专题在考试中预计分值占比较低，预估分值为5分。

难易程度：本专题内容多摘录自相关标准规范，涉及具体的施工作业要求，且数据条目较多，有一定难度。

实务关联度：本专题在实务考试中的出现概率较高，特别是绿色施工技术措施、文明施工的具体要求等。

计算分析：本专题不涉及计算类考点。

记忆背诵：本专题中的相关具体要求和数据条目需要进行重点记忆。

考点90 各方主体绿色施工职责★★★

1.清洁生产的主要内容可归纳为"三清一控",其内涵是指( )。

A.贯穿于清洁生产的全过程控制
B.清洁的产品
C.清洁生产的全员控制
D.清洁的原料与能源
E.清洁的生产过程

【答案】ABDE

【解析】清洁生产的主要内容可归纳为"三清一控":①清洁的原料与能源;②清洁的生产过程;③清洁的产品;④贯穿于清洁生产的全过程控制。

2.循环经济的"3R"原则包括( )。

A.再循环
B.替代化
C.最大化
D.再利用
E.减量化

【答案】ADE

【解析】循环经济的"3R"原则即"减量化"(Reduce)、"再利用"(Reuse)、"再循环"(Recycle),是绿色施工需遵循的重要原则。

3.根据《建筑工程绿色施工规范》(GB/T 50905—2014),下列关于工程建设各方主体绿色施工职责的说法中正确的是( )。

A.设计单位在编制工程概算和招标文件时,应明确绿色施工的要求
B.建设单位是建设工程绿色施工的实施主体
C.建设单位应建立建设工程绿色施工的协调机制
D.实行总承包的建设工程,建设单位应对绿色施工负总责

【答案】C

【解析】A选项错误,建设单位在编制工程概算和招标文件时,应明确绿色施工的要求。B选项错误,施工单位是建设工程绿色施工的实施主体。D选项错误,实行总承包的建设工程,总承包单位应对绿色施工负总责。

4.下列关于施工单位绿色施工职责的说法中正确的有( )。

A.施工单位应审查绿色施工组织设计、绿色施工方案或绿色施工专项方案
B.施工单位应建立以项目负责人为第一责任人的绿色施工管理体系
C.制定绿色施工管理制度
D.按国家现行有关标准和建设单位的要求进行工程的绿色设计
E.进行绿色施工影响因素分析,并据此制定实施对策和绿色施工评价方案

【答案】CE

【解析】施工单位绿色施工职责包括：①施工单位是建设工程绿色施工的实施主体，应组织绿色施工的全面实施；②实行总承包管理的建设工程，总承包单位应对绿色施工负总责；③总承包单位应对专业承包单位的绿色施工实施管理，专业承包单位应对工程承包范围的绿色施工负责；④施工单位应建立以项目经理为第一责任人的绿色施工管理体系，制定绿色施工管理制度，负责绿色施工的组织实施，进行绿色施工教育培训，定期开展自检、联检和评价工作；⑤绿色施工组织设计、绿色施工方案或绿色施工专项方案编制前，应进行绿色施工影响因素分析，并据此制定实施对策和绿色施工评价方案。

考点91　绿色施工措施★★★

1.绿色施工方案的内容不包括（　　）。

A.节材措施　　　　　　　　　　　　B.节地与施工用地保护措施

C.环境保护措施　　　　　　　　　　D.节电措施

【答案】D

【解析】绿色施工方案的内容：①节材措施；②节水措施；③节能措施；④节地与施工用地保护措施。⑤环境保护措施。

2.常规环境监测包括（　　）。

A.污染源监测　　　　　　　　　　　B.环境质量监测

C.研究型监测　　　　　　　　　　　D.生态环境监测

E.污染事故监测

【答案】ABD

【解析】常规环境监测包括环境质量监测、污染源监测、生态环境监测；特殊目的监测包括研究型监测、污染事故监测和仲裁监测。C、E选项属于特殊目的监测。

3.在绿色施工技术措施中，鼓励就地取材，施工现场500km以内生产的建筑材料用量占建筑材料总重量的（　　）以上。

A.60%　　　　　　B.70%　　　　　　C.80%　　　　　　D.85%

【答案】B

【解析】在绿色施工节材措施中，鼓励就地取材，施工现场500km以内生产的建筑材料用量占建筑材料总重量的70%以上，宜优先选用获得绿色建材评价认证标识的建筑材料和产品。

4.关于绿色施工的技术措施，下列说法中正确的是（　　）。

A.施工现场宜搭设开放式垃圾站

B.生活区与生产区需设置在一起

C.将生活垃圾和危险废物混入建筑垃圾排放

D.施工现场存放的油料和化学溶剂等物品应设专门库房，地面应做防渗漏处理

【答案】D

【解析】A选项错误，施工现场生活区设置封闭式垃圾容器。B选项错误，生活区与生产区应分开布置，并设置标准的分隔设施。C选项错误，严禁将生活垃圾和危险废物混入建筑垃圾排放。

考点92　施工现场文明施工要求★★

1.建筑企业及施工项目部应努力做到的文明施工管理的"六化"包括（　　）。

A.作业行为制度化　　　　　　　　B.环境协调和谐化

C.机料摆放定置化　　　　　　　　D.现场布置条理化

E.安全设施标准化

【答案】BCDE

【解析】建筑企业及施工项目部应努力做到文明施工管理的"六化"：现场管理制度化、安全设施标准化、现场布置条理化、机料摆放定置化、作业行为规范化、环境协调和谐化。

2.关于施工现场围挡设计的说法，正确的是（　　）。

A.围挡高度在施工现场隔断设置应相同

B.市区主要路段的围挡高度不得低于1.5m

C.施工现场实行封闭式管理采用硬质围挡

D.市容景观路段的围挡高度不得低于2m

【答案】C

【解析】现场围挡采用封闭围挡，高度不低于1.8m；围挡材料可采用彩色、定型钢板，砖、混凝土砌块等。

3.在施工现场进门处应悬挂"五牌一图"，包括（　　）。

A.施工现场平面图

B.工程概况牌

C.消防保卫牌

D.管理人员名单及监督电话牌

E.安全生产牌

【答案】BCDE

【解析】"五牌一图"：在进门处悬挂工程概况、管理人员名单及监督电话、安全生产、文明施工、消防保卫五牌，以及施工现场总平面图。

考点93　施工现场环境保护措施★★★

1.对于施工现场环境保护而言,"控制项"内容包括（　　）。

A.建立环境保护管理制度

B.施工现场不应焚烧废弃物

C.土方回填不得采用有毒有害废弃物

D.现场厨房烟气应净化后排放

E.高空垃圾清运应采用封闭式管道或垂直运输机械

【答案】ABC

【解析】对于施工现场环境保护而言,"控制项"包括以下内容：①应建立环境保护管理制度；②绿色施工策划文件中应包含环境保护内容；③施工现场应在醒目位置设环境保护标识；④应对施工现场的古迹、文物、墓穴、树木、森林及生态环境等采取有效保护措施,制定地下文物应急预案；⑤施工现场不应焚烧废弃物；⑥土方回填不得采用有毒有害废弃物。

2.对于施工现场环境保护而言,"优选项"内容包括（　　）。

A.场界宜设置动态连续噪声监测设施,显示昼夜噪声曲线

B.宜采用生态环保泥浆、泥浆净化器反循环快速清孔等环境保护技术

C.应制定地下文物应急预案

D.施工现场应在醒目位置设环境保护标识

E.宜采用装配式方法施工

【答案】ABE

【解析】对于施工现场环境保护而言,"优选项"包括以下内容：①施工现场宜设置可移动环保厕所,并定期清运、消毒；②现场宜采用自动喷雾（淋）降尘系统；③场界宜设置扬尘自动监测仪,动态连续定量监测扬尘（TSP、PM10）；④场界宜设置动态连续噪声监测设施,显示昼夜噪声曲线；⑤建筑垃圾产生量不宜大于210t/万m^2；⑥宜采用地磅或自动监测平台,动态计量固体废弃物重量；⑦现场宜采用雨水就地渗透措施；⑧宜采用生态环保泥浆、泥浆净化器反循环快速清孔等环境保护技术；⑨宜采用装配式方法施工。C、D选项属于"控制项"内容。

专题九　国际工程承包管理

导图框架

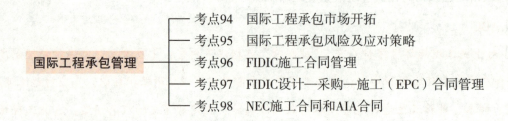

专题雷达图

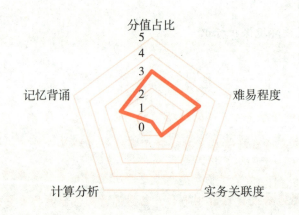

分值占比：本专题在考试中预计分值占比不高，预估分值为10分。

难易程度：本专题内容在学习上具有一定难度，主要原因在于国际工程承包管理工作与我国的工程承包管理工作具有较大差别，应注意对比学习。

实务关联度：本专题在实务考试中的出现概率较低，实务考试的主要方向是我国的工程承包管理。

计算分析：本专题不涉及计算类考点。

记忆背诵：本专题的学习重点不在于背诵，而在于关注国际上与我国国内相似条目的"区别"。

考点94　国际工程承包市场开拓★★

1.《商务部等19部门关于促进对外承包工程高质量发展的指导意见》（商合发〔2019〕273号）中提出由推动对外承包工程转型升级和高质量发展的基本原则是（　　）。

A.坚持企业主体　　　　　　　　　　B.坚持规范有序

C.坚持效益稳定　　　　　　　　　　D.坚持互利共赢

E.坚持质量优先

【答案】ABDE

【解析】《商务部等19部门关于促进对外承包工程高质量发展的指导意见》（商合发〔2019〕273号），该指导意见提出推动对外承包工程转型升级和高质量发展基本原则：①坚持企业主体；②坚持质量优先；③坚持互利共赢；④坚持规范有序。

2.根据《关于印发〈企业境外经营合规管理指引〉的通知》（发改外资〔2018〕1916号），合规管理原则包括（　　）。

A.有效性原则　　　　　　　　　　　B.独立性原则

C.公平性原则　　　　　　　　　　　D.适用性原则

E.全面性原则

【答案】BDE

【解析】根据《关于印发〈企业境外经营合规管理指引〉的通知》（发改外资〔2018〕1916号），合规管理原则：①独立性原则；②适用性原则；③全面性原则。

3.下列关于国际工程承包招标制度的说法中正确的是（　　）。

A.所有国家和地区的政府出资项目都必须采用公开招标的方式

B.私人筹资项目的招标投标规定比政府出资项目更为严格

C.国际金融机构贷款和援助资金项目通常只在发展中国家实施，并要求按照国际金融机构的相关规定进行公开招标

D.某些国家对于政府出资项目的招标有特定的金额限制，例如只有超过一定金额的项目才必须公开招标

【答案】D

【解析】关于国际工程招标与投标制度，主要根据项目类型、资金来源等分成几类：①政府出资项目招标：大多数采用公开招标，但并不是所有政府出资项目都要求公开招标，如沙特规定100万沙特里亚尔以上的政府项目才必须公开招标。②私人筹资项目招标：招标投标限制较少或允许多种招标方式并存。③国际金融机构贷款：多在发展中国家。必须按照相关规定公开招标。④援助资金项目招标：一般采用在援助国国籍公司中公开招标的方式，但也可通过两国政府协商确定项目实施单位。

考点95　国际工程承包风险及应对策略★★

1.中国国际工程承包商的主要市场在亚洲、非洲和拉丁美洲等欠发达地区，不少国家存在政局不稳、政治不透明、政策不连贯等问题，甚至有爆发战争的风险，这表明国际工程承包具有（　　）。

　　A.政治风险　　　　B.经济风险　　　　C.市场风险　　　　D.社会风险

【答案】A

【解析】国际工程承包商进入国际市场的政治风险包括所在国政局稳定性、政党轮替、政府干预和限制、国际关系、外交政策、地区保护主义与歧视性政策、制裁和禁运等。中国国际工程承包商的主要市场在亚洲、非洲和拉丁美洲等欠发达地区，不少国家存在政局不稳、政治不透明、政策不连贯等问题，甚至有爆发战争的风险。近年来，地区冲突和不同阵营对抗进一步抬升了全球地缘政治风险，中国企业面临的安全风险、外部制裁、脱钩断链威胁、恶意抹黑及舆情风险上升，给中国国际工程承包企业带来挑战。

2.国际工程承包企业面临的风险涉及国家内乱、社会治安、族群对立、宗教纷争、劳动者素质、跨文化冲突、语言差异等，这表明国际工程承包具有（　　）。

　　A.政治风险　　　　B.经济风险　　　　C.市场风险　　　　D.社会风险

【答案】D

【解析】社会环境涵盖一个国家和地区的民族特征、文化传统、社会结构、价值观、风俗习惯、宗教信仰等。国际工程承包企业面临的社会风险涉及国家内乱、社会治安、族群对立、宗教纷争、劳动者素质、跨文化冲突、语言差异等。尤其是，我国国际工程企业业务主要集中的亚洲和非洲均为社会风险高的区域。近年来，中资企业人员不时受到当地社会环境不稳定的威胁和伤害，如恐怖袭击、绑架勒索、偷盗抢劫等，人身安全和正常经营受到严重威胁和冲击。

3.ESG投资评估作为一种长期风险评估机制，具有筛选非财务风险、提高长期收益的优势，已成为跨国投资和国际工程承包的新兴策略。ESG评价指标体系由（　　）评价指标组成。

　　A.环境、社会和治理　　B.环境、服务和治理　　C.环境、社会和能源　　D.环境、服务和能源

【答案】A

【解析】ESG是指环境、社会和治理。ESG投资评估作为一种长期风险评估机制，具有筛选非财务风险、提高长期收益的优势，已成为跨国投资和国际工程承包的新兴策略。ESG评价指标体系由三个方面组成：环境评价指标、社会评价指标、治理评价指标。

考点96　FIDIC施工合同管理★★★

1.根据FIDIC《施工合同条件》，工程师受业主委托进行合同管理时，应履行的工作职责和义务有（　　）。

　　A.确认工程变更和合同价款支付　　　　　　B.提前将其参加试验的意向通知承包商

C.解除任何一方依照合同应具有的职责　　D.向其助手指派任务和委托部分权力

E.随时进行工程计量

【答案】ABD

【解析】根据FIDIC《施工合同条件》，工程师的主要责任和义务：执行业主委托的施工项目质量、进度、费用、安全、环境等目标监控和日常管理工作，包括协调、联系、指示、批准和决定等；确定确认合同款支付、工程变更、试验、验收等专业事项等；工程师还可以向助手指派任务和委托部分权力，但工程师无权修改合同，无权解除任何一方依照合同具有的职责、义务或责任。工程师应提前至少72小时将其参加试验的意向通知承包商。当工程师要求在现场对工程量进行测量时，应提前7天通知承包商。

2.《施工合同文件》是FIDIC系列合同条件中最具代表性的文本，在《施工合同文件》模式下，项目主要参与方包括业主、承包商和工程师，其中业主的主要责任和义务体现在（　　）。

A.承担大部分或全部设计工作并及时向承包商提供设计图纸

B.做好项目资金安排

C.向承包商及时提供信息、指示、同意、批准及发出通知

D.提供工程执行和竣工所需的各类计划、实施情况、意见和通知

E.办理工程保险

【答案】ABC

【解析】根据FIDIC《施工合同条件》，业主的主要责任和义务：委托任命工程师代表业主进行合同管理；承担大部分或全部设计工作并及时向承包商提供设计图纸；给予承包商现场占有权；向承包商及时提供信息、指示、同意、批准及发出通知；避免可能干扰或阻碍工程进展的行为；提供业主方应提供的保障、物资；在必要时指定分包商和供应商；做好项目资金安排；在承包商完成相应工作时按时支付工程款；协助承包商申办工程所在国法律要求的相关许可等。D、E选项属于承包商的责任和义务。

3.根据FIDIC《施工合同条件》，合同争端可按照规定由争端避免/裁决委员会（DAAB）裁决。关于DAAB人员任命和酬金的说法，正确的是（　　）。

A.由业主任命、承包商承担酬金　　B.合同双方联合任命、业主承担酬金

C.合同双方联合任命、承包商承担酬金　　D.合同双方联合任命、分摊酬金

【答案】D

【解析】DAAB成员与业主、承包商及工程师没有利害关系，由业主、承包商双方联合任命、分摊酬金，成为真正意义上的第三方，鼓励DAAB成员在日常非正式地参与处理合同双方潜在问题及分歧，及早化解争端。

4.下列关于使用争端避免/裁决委员会（DAAB）方式解决争议的说法中正确的是（　　）。

A.合同双方应在承包商收到中标函后28天内，任命争端避免/裁决委员会

B.DAAB提出的裁决具有终局性

C.DAAB由两人或三人组成

D.DAAB由合同一方当事人聘请

【答案】A

【解析】B选项错误，DAAB提出的裁决不具有终局性。C选项错误，DAAB由一人或三人组成。D选项错误，DAAB委员由合同双方联合任命。

5.根据FIDIC《施工合同条件》，如果任一方对DAAB的决定不满，可以在收到该决定通知后（　　）天内将其不满向另一方发出通知。

A.14　　　　　　B.21　　　　　　C.28　　　　　　D.42

【答案】C

【解析】根据《施工合同条件》，如果任一方对DAAB的决定不满，可以在收到该决定通知后28天内将其不满向另一方发出通知。如双方均未发出表示不满的通知，则该决定应成为最终对双方有约束力的决定。

考点97　FIDIC设计—采购—施工（EPC）合同管理★★★

1.FIDIC《设计—采购—施工（EPC）/交钥匙工程合同条件》（银皮书）中不包含的角色是（　　）。

A.业主　　　　B.业主代表　　　　C.工程师　　　　D.承包商代表

【答案】C

【解析】在银皮书中，合同当事方是业主和承包商，双方分别任命业主代表及承包商代表，负责项目的日常管理。由业主方委派"业主代表"代表业主负责工程管理工作，实现合同目标。承包商应接受业主或业主代表提出的指令。

2.根据FIDIC《设计—采购—施工（EPC）/交钥匙工程合同条件》（银皮书），下列选项中承包商不可以提出延长竣工时间索赔的是（　　）。

A.合同变更　　　　　　　　　　　　B.设计图纸错误导致返工

C.由业主造成的延误或阻碍　　　　　D.由在现场的业主的其他承包商造成的延误或阻碍

【答案】B

【解析】根据银皮书，承包商有权提出延长竣工时间索赔的情形只有下列3种：①根据合同变更的规定；②根据合同条件承包商有权获得竣工时间的延长；③由业主或在现场的业主的其他承包商造成的延误或阻碍（或因流行病或政府行为导致的由业主提供的材料的不可预见的短缺）。

考点98　NEC施工合同和AIA合同★★★

1.工程施工合同（ECC）的核心条款内容包括（　　）。

A.补偿事件　　　　　　　　　　　　B.支付承包商预付款

C.所有权　　　　　　　　　　　　　D.风险和保险

E.测试和缺陷

【答案】ACDE

【解析】工程施工合同（ECC）的核心条款是施工合同的主要共性条款，内容包括总则、承包商的主要责任、工期、测试和缺陷、付款、补偿事件、所有权、风险和保险、争端和合同终止等9条，构成施工合同的基本构架。适用于施工承包、设计施工总承包和交钥匙工程承包等不同模式。

2.工程施工合同（ECC）可供选择的次要选项条款包括（　　）等。

A.提前竣工奖金　　　　　　　　　　B.履约保证

C.通货膨胀引起的价格调整　　　　　D.功能欠佳赔偿费

E.争端和合同终止

【答案】ABCD

【解析】工程施工合同（ECC）在主要选项条款之后，ECC还提供了十多项可供选择的次要选项条款，包括：履约保证；母公司担保；支付承包商预付款；多种货币；区段竣工；承包商对其设计所承担的责任只限运用合理的技术和精心设计；通货膨胀引起的价格调整；保留金；提前竣工奖金；工期延误赔偿费；功能欠佳赔偿费；法律的变化等。

3.美国的AIA合同条件在美洲地区具有较高的权威性，其主要用于（　　）工程。

A.市政公用　　　　B.石油化工　　　　C.房屋建筑　　　　D.水利水电

【答案】C

【解析】AIA合同条件主要用于私营的房屋建筑工程，在美洲地区具有较高的权威性，应用广泛。

4.在AIA系列合同中，业主与建筑师之间的标准合同文件是（　　）。

A.A系列　　　　　B.B系列　　　　　C.C系列　　　　　D.D系列

【答案】B

【解析】AIA合同条件分为A至G系列。

A系列：业主与施工承包商、CM承包商、供应商，以及总承包商与分包商之间的标准合同文件。

B系列：业主与建筑师之间的标准合同文件。

C系列：建筑师与专业咨询人员之间的标准合同文件。（C选项正确）

D系列：建筑师行业内部使用的文件。

E系列：合同和办公管理中使用的文件。

F系列：财务管理报表。

G系列：建筑师企业与项目管理中使用的文件。

专题十 项目管理智能化

导图框架

项目管理智能化 ┬ 考点99　建筑信息模型（BIM）及其在工程项目管理中应用
　　　　　　　└ 考点100　智能建造与智慧工地

专题雷达图

分值占比：本专题在考试中预计分值占比较低，预估分值为2分。

难易程度：本专题内容的学习难度不高，易于理解。

实务关联度：本专题在实务考试中出现概率较低，但智能建造与智慧工地考点也有可能作为出题点。

计算分析：本专题不涉及计算类考点。

记忆背诵：本专题不需要进行背诵记忆，熟悉即可。

考点99　建筑信息模型（BIM）及其在工程项目管理中的应用★★

1.建筑信息模型的基本特征包括（　　）。

A.模型信息的可拓展性　　　　　　　B.模型信息的一致性

C.模型信息的静态性　　　　　　　　D.模型操作的可视化

E.模型信息的完备性

【答案】ABDE

【解析】建筑信息模型实质上是一个数据库,该数据库以产品模型为主,是一个工程项目物理和功能特征的数字化表达。建筑信息模型的基本特征如下:①模型操作的可视化。②模型信息的完备性。③模型信息的关联性。④模型信息的一致性。⑤模型信息的动态性。⑥模型信息的可拓展性。

2.在工程项目进度管理中,BIM技术主要应用于施工进度模拟、（　　）、实施进度跟踪监控、进度分析和优化等方面。

A.工程算量 B.碰撞检测
C.资金和资源动态分析 D.施工安全模拟

【答案】C

【解析】BIM技术在工程项目进度管理中的应用主要在施工进度模拟、资金和资源动态分析、实施进度跟踪监控、进度分析和优化等方面。A选项属于BIM技术在成本管理中的应用。B选项属于BIM技术在质量管理中的应用。D选项属于BIM技术在安全管理中的应用。

考点100　智能建造与智慧工地★★

1.下列关于智能建造的基本特征的描述中错误的是（　　）。

A.智能建造应以传统的信息技术融合应用为基础

B.智能建造应以实现数字化集成设计、精益化生产施工、工业化组织管理为核心

C.智能建造应以数智化管控平台和建筑机器人开发应用为着力点

D.智能建造应以减少对人的依赖,实现安全建造,提高品质、效率和效益

【答案】A

【解析】智能建造的基本特征:①智能建造应以新一代信息技术融合应用为基础。②智能建造应以实现数字化集成设计、精益化生产施工、工业化组织管理为核心。③智能建造应以数智化管控平台和建筑机器人开发应用为着力点。④智能建造应以减少对人的依赖,实现安全建造,提高品质、效率和效益,助力数字交付为目标,这是发展智能建造的最终目标。

2.在智慧工地的总体架构中,（　　）负责保证数据的高效流动和准确处理,并连接感知层和应用层。

A.感知层　　B.网络层　　C.应用层　　D.数据存储层

【答案】B

【解析】智慧工地总体架构主要可分为三个层次,感知层、网络层和应用层。其中,网络层是智慧工地的数据通道和处理中枢,它起到桥梁和枢纽的作用,连接感知层和应用层,保证数据的高效流动和准确处理。

第三部分　触类旁通

1h/2h	【事故上报】工程质量事故发生后，事故现场有关人员应当立即向本单位负责人报告；单位负责人接到报告后，应于1h内向事故发生地县级以上人民政府住房和城乡建设主管部门及有关部门报告。住房和城乡建设主管部门逐级上报事故情况时，每级上报时间不得超过2h
8h/12h	【安全教育培训】特种作业操作证申请复审或者延期复审前，特种作业人员应参加必要的安全培训并考试合格。安全培训时间不少于8个学时。 企业新上岗的从业人员，岗前安全培训时间不得少于24学时；企业主要负责人和安全生产管理人员初次安全培训时间不得少于32学时；每年再培训时间不得少于12学时
24h	【施工合同暂停施工】由于发包人原因发生暂停施工的紧急情况，且监理人未及时下达暂停施工指示的，承包人可先暂停施工，并及时向监理人提出暂停施工的书面请求。监理人应在接到书面请求后的24h内予以答复。 【设备采购合同——运输】卖方应自行选择适宜的运输工具及线路安排合同设备运输。卖方应在合同设备预计启运7日前预通知买方，并在合同设备启运后24h之内正式通知买方
48h	【专业分包工程暂停施工】发包人或项目监理机构认为确有必要暂停施工时，应以书面形式通过承包人向分包人发出暂停施工指令，并在提出要求后48h内提出书面处理意见。 【劳务分包合同不可抗力事件的应对】不可抗力事件发生后，劳务分包人应立即通知工程承包人项目经理。不可抗力事件结束后48h内，劳务分包人向工程承包人项目经理通报受害情况、损失情况及预计清理和修复的费用。不可抗力事件持续发生，劳务分包人应每隔7天向工程承包人项目经理通报一次受害情况。不可抗力事件结束后14天内，劳务分包人应向工程承包人项目经理提交清理和修复费用的正式报告和有关资料
72h	【FIDIC《施工合同条件》承包商试验】承包商应将拟进行试验的时间和地点通知工程师，工程师有权根据变更和调整的规定改变试验的时间和地点。工程师应提前至少72h将其参加试验的意向通知承包商
2d/3d/5d	【资格预审文件发售】资格预审文件的发售期不得少于5日。潜在投标人或者其他利害关系人对资格预审文件有异议的，应在提交资格预审申请文件截止时间2日前向招标人提出。招标人应自收到异议之日起3日内做出答复。做出答复前，应暂停招标投标活动。 【资格预审文件澄清修改】澄清或者修改的内容可能影响资格预审申请文件编制的，招标人应在提交资格预审申请文件截止时间至少3日前，以书面形式通知所有获取资格预审文件的潜在投标人；不足3日的，招标人应顺延提交资格预审申请文件的截止时间。 【投标担保退还】招标人最迟应在书面合同签订后5日内向中标人和未中标的投标人退还投标保证金及银行同期存款利息。 【材料采购合同——验收】买方应在检验日期3日前将检验的时间和地点通知卖方，卖方应自负费用派遣代表参加检验
7d	【开工通知】发包人应委托监理人发出开工通知，监理人应在开工日期7天前向承包人发出开工通知。工期自监理人发出的开工通知中载明的开工日期起计算。 【发包人提供的材料和工程设备】发包人应按照监理人与合同双方当事人商定的交货日期，向承包人提交材料和工程设备。发包人应在材料和工程设备到货7天前通知承包人，承包人应会同监理人在约定的时间内，赴交货地点共同进行验收。 【工程计量】监理人应在收到承包人提交的工程量报表后的7天内进行复核。 【预付款支付】发包人应在收到支付申请的7天内进行核实后向承包人发出预付款支付证书，并在签发支付证书后的7天内向承包人支付预付款
10d	【安全生产许可证变更】建筑施工企业变更名称、地址、法定代表人等，应当在变更后10日内，到原安全生产许可证颁发管理机关办理安全生产许可证变更手续

续表

14d	【预付款担保退还】发包人应在预付款扣完后的14天内将预付款保函退还给承包人。 【进度款支付】监理人在收到承包人进度付款申请单以及相应的支持性证明文件后的14天内完成核查。发包人应在监理人收到进度付款申请单后的28天内,将进度应付款支付给承包人。 【竣工结算】监理人在收到承包人提交的竣工付款申请单后的14天内完成核查,提出发包人到期应支付给承包人的价款送发包人审核并抄送承包人。发包人应在收到后14天内审核完毕,由监理人向承包人出具经发包人签认的竣工付款证书。发包人应在监理人出具竣工付款证书后的14天内,将应支付款支付给承包人。 【最终结清】监理人收到承包人提交的最终结清申请单后的14天内,提出发包人应支付给承包人的价款送发包人审核并抄送承包人。发包人应在收到后14天内审核完毕,由监理人向承包人出具经发包人签认的最终结清证书。发包人应在监理人出具最终结清证书后的14天内,将应支付款支付给承包人。 【变更估价】除专用合同条款对期限另有约定外,承包人应在收到变更指示或变更意向书后的14天内,向监理人提交变更报价书。监理人收到承包人变更报价书后的14天内,按照合同约定的估价原则与合同当事人商定或确定变更价格。 【劳务报酬最终支付】全部工作完成,经工程承包人认可后14天内,劳务分包人向工程承包人递交完整的结算资料。工程承包人收到劳务分包人递交的结算资料后14天内进行核实,给予确认或者提出修改意见。工程承包人确认结算资料后14天内向劳务分包人支付劳务报酬尾款
15d	【招标文件澄清修改】招标人对招标文件进行澄清或者修改的内容可能影响投标文件编制的,招标人应在投标截止时间至少15日前,以书面形式通知所有获取招标文件的潜在的投标人。 【安全事故批复】重大事故、较大事故、一般事故,负责事故调查的人民政府应当自收到事故调查报告之日起15日内做出批复;特别重大事故,30日内做出批复;特殊情况下,批复时间可以适当延长,但延长的时间最长不超过30日
21d	【竣工试验】承包人应提前21天将申请竣工试验的通知送达监理人,并按照专用合同条款约定的份数,向监理人提交竣工记录、暂行操作和维修手册。 【工程总承包合同设计文件审查】承包人的设计文件提交监理人后,发包人应组织设计审查,按照发包人要求文件中约定的范围和内容审查是否满足合同要求。为了不影响后续工作,自监理人收到承包人的设计文件之日起,对承包人的设计文件审查期限不超过21天
28d	【基准日】通用合同条款中将投标截止日前第28天规定为基准日期。 【安全文明施工费】发包人应在工程开工后的28天内预付不低于当年施工进度计划的安全文明施工费总额的60%。 【索赔程序】承包人应在知道或应当知道索赔事件发生后28天内,向监理人递交索赔意向通知书。承包人应在发出索赔意向通知书后28天内,向监理人正式递交索赔通知书。监理人应在收到索赔通知书或有关索赔的进一步证明材料后的42天内,将索赔处理结果答复承包人。承包人接受索赔处理结果的,发包人应在作出索赔处理结果答复后28天内完成赔付。 【承包人违约】监理人发出整改通知28天后,承包人仍不纠正违约行为的,发包人可向承包人发出解除合同通知。 【专业分包竣工结算】承包人收到分包人递交的分包工程竣工结算报告及结算资料后28天内进行核实,承包人收到分包工程竣工结算报告及结算资料后28天内无正当理由不支付工程竣工结算价款,从第29天起按分包人同期向银行贷款利率支付拖欠工程价款的利息,并承担违约责任。 【履约担保退还】承包人应保证其履约担保在发包人颁发工程接收证书前一直有效。发包人应在工程接收证书颁发后28天内将履约担保退还给承包人。 【资金来源证明】《建设工程施工合同(示范文本)》(GF—2017—0201)要求,发包人应在收到承包人要求提供资金来源证明的书面通知后28天内,向承包人提供能够按照合同约定支付合同价款的相应资金来源证明。 【竣工验收程序】监理人审查后认为已具备竣工验收条件的,应在收到竣工验收申请报告后的28天内提请发包人进行工程验收。发包人经过验收后同意接收工程的,应在监理人收到竣工验收申请报告后的56天内,由监理人向承包人出具经发包人签认的工程接收证书。 【DAAB】合同双方应在承包商收到中标函后28天内或规定的日期内联合任命DAAB的成员。如果合同双方发生争端,任一方可将争端事项提交DAAB决定。DAAB应在收到提交后84天内或商定的期限内作出决定。如果任一方对DAAB的决定不满,可以在收到该决定通知后28天内将其不满向另一方发出通知

续表

30d	【合同签订】招标人和中标人应在中标通知书发出之日起30日内，根据招标文件和中标人的投标文件订立书面合同。 【事故补报】自事故发生之日起30日内，事故造成的伤亡人数发生变化的，应当及时补报。道路交通事故、火灾事故自发生之日起7日内，事故造成的伤亡人数发生变化的，应当及时补报。 【进度款超额支付】在结算过程中，若发生进度款支付超出实际已完成工程价款的情况，承包单位应按规定在结算后30日内向发包单位返还多收到的工程进度款
56d	【非承包人原因暂停施工】监理人发出暂停施工指示后56天内未向承包人发出复工通知，除承包人责任引起暂停施工的情况外，承包人可向监理人提交书面通知，要求监理人在收到书面通知后28天内准许已暂停施工的工程或其中一部分工程继续施工。 【承包人原因暂停施工】由于承包人责任引起暂停施工，如承包人在收到监理人暂停施工指示后56天内不认真采取有效的复工措施，造成工期延误，可视为承包人违约。 【实际竣工日期】除专用合同条款另有约定外，经验收合格工程的实际竣工日期，以提交竣工验收申请报告的日期为准。发包人在收到承包人竣工验收申请报告56天后未进行验收的，视为验收合格，实际竣工日期以提交竣工验收申请报告的日期为准，但发包人由于不可抗力原因不能进行验收的除外。 【施工队伍撤离】工程接收证书颁发后的56天内，除了经监理人同意需在缺陷责任期内继续工作和使用的人员、施工设备和临时工程外，其余的人员、施工设备和临时工程均应撤离施工场地或拆除。除合同另有约定外，当缺陷责任期满时，承包人的人员和施工设备应全部撤离施工场地
60d	【事故调查报告】事故调查组应当自事故发生之日起60日内提交事故调查报告；特殊情况下，经负责事故调查的人民政府批准，提交事故调查报告的期限可以适当延长，但延长的期限最长不超过60日
90d	【工程质量保证金争议解决】有下列情形之一，承包人请求发包人返还工程质量保证金的，人民法院应予支持：因发包人原因建设工程未按约定期限进行竣工验收的，自承包人提交工程竣工验收报告90日后当事人约定的工程质量保证金返还期限届满；当事人未约定工程质量保证金返还期限的，自承包人提交工程竣工验收报告90日后起满2年
半年	【应急预案演练】企业应制定本单位的应急预案演练计划，建筑施工单位应至少每半年组织一次生产安全事故应急预案演练。建筑施工企业应当每3年进行一次应急预案评估
12个月	【简明标准施工招标文件】针对工期不超过12个月、技术相对简单且设计和施工不是由同一承包人承担的小型项目施工招标。 【简明施工合同】适用于工期在12个月以内的简明施工合同通用条款没有调价条款，承包人应在投标报价中合理考虑市场价格变化对施工成本的影响。 【材料采购合同价格】供货周期不超过12个月的签约合同价通常为固定价格。供货周期超过12个月且合同材料交付时材料价格变化超过专用合同条款约定的幅度的，双方应按照专用合同条款中约定的调整方法对合同价格进行调整。 【材料采购合同质量保证期】合同材料的质量保证期自合同材料验收之日起算，至合同材料验收证书或进度款支付函签署之日起12个月止（以先到的为准）。 【设备采购合同质量保证期】除专用合同条款和（或）供货要求等合同文件另有约定外，合同设备整体质量保证期为验收之日起12个月。 【固定总价合同】工程量小、工期较短（一般为1年之内），合同双方可不必考虑市场价格浮动对承包价格的影响。 【工程设计责任险】工程设计责任险可分为综合年度保险、单项工程保险、多项工程保险三种。以综合年度保险为例，除另有约定外，保险期限一般为1年。 【安全教育培训】从业人员在本单位内调整工作岗位或离岗一年以上重新上岗时，应重新接受项目部和班组级的安全培训。管理人员和作业人员每年至少进行一次安全生产教育培训并考核合格
2年	【缺陷责任期】缺陷责任期最长不超过2年
3年	【安全生产许可证有效期】安全生产许可证的有效期为3年。安全生产许可证有效期满需要延期的，企业应当于期满前3个月向原安全生产许可证颁发管理机关办理延期手续。 【特种作业操作证】特种作业操作证每3年复审1次。特种作业人员在特种作业操作证有效期内，连续从事本工种10年以上，严格遵守有关安全生产法律法规的，经原考核发证机关或者从业所在地考核发证机关同意，特种作业操作证的复审时间可以延长至每6年1次